Dᵣ Stephen CHAUVET

Membre correspondant de la Commission des Monuments Historiques

# COUTANCES

## ET SES ENVIRONS

GUIDE

HISTORIQUE

DESCRIPTIF

ET ILLUSTRÉ

ÉDOUARD CHAMPION, ÉDITEUR. PARIS

===== 5, Quai Malaquais =====

# COUTANCES

## ET SES ENVIRONS

# OUVRAGES NON MÉDICAUX

DU

Docteur Stéphen CHAUVET, o. ✱

Ancien Interne Lauréat (Médaille d'Or)
des Hôpitaux de Paris
Lauréat de : la Faculté de Médecine,
la Société d'Anthropologie,
l'Académie de Médecine,
et l'Institut

1º LES EMPOISONNEMENTS PAR LES CHAMPIGNONS. (Mention très honorable à l'Académie de Médecine (prix Clarens). — Lefrançois, éditeur, rue Casimir-Delavigne, Paris, 2º édition illustrée de planches en trichromie.

2º L'ILLUSION DU « DÉJA VU ». — Mercure de France, juillet 1918.

3º LA TÉLÉPATHIE. — Annales des Sciences psychiques, nᵒˢ 6 et 7, 1919. Revue Métapsychique, nº 4, 1921.

4º L'AVENIR DE LA SCIENCE DANS LA SOCIÉTÉ MODERNE. — « La Vie », 15 novembre 1919 (10, rue du Cardinal Lemoine).

5º LA NORMANDIE ANCESTRALE (AU PAYS DE COUTANCES). (Caractères ethniques des Normands ; vieux usages et vieilles coutumes ; fêtes, foires et assemblées ; la ferme normande ; la nourriture traditionnelle des Normands ; les vieux costumes et les anciens bijoux ; les meubles normands ; les ustensiles normands (cuivres, étains, poteries, etc.) : le patois bas-normand (étude générale ; prose patoisante de Enault ; poésies de L. Beuve et de Ch. Leboulanger). — Boivin, éditeur, Paris, 1921.

Dᴿ STEPHEN CHAUVET

MEMBRE CORRESPONDANT DE LA COMMISSION DES MONUMENTS HISTORIQUES

# COUTANCES
## ET SES ENVIRONS

GUIDE HISTORIQUE, DESCRIPTIF ET ILLUSTRÉ :
DE LA VILLE, DE LA CATHÉDRALE, DES VIEILLES ÉGLISES
ET DES MONUMENTS HISTORIQUES

PARIS (VIᵉ)

LIBRAIRIE ANCIENNE HONORÉ CHAMPION
ÉDOUARD CHAMPION
5, QUAI MALAQUAIS, 5

1921

INDICATIONS BIBLIOGRAPHIQUES

M. DE GERVILLE. *Études géographiques et historiques sur le département de la Manche*. Feuardent, éditeur. Cherbourg, 1854.

LÉOPOLD QUENAULT. *Recherches historiques et archéologiques sur la Basse-Normandie, le Vivarais et le pays Chartrain*. J.-J. Salettes, éditeur. Coutances, 1864.

— *Recherches sur l'aqueduc de Coutances*. J.-J. Salettes, éditeur. Coutances, 1859.

Abbé PIGEON. *La Normandie monumentale et pittoresque*. Le Male et C<sup>ie</sup>, éditeur. Le Havre, 1899.

A. LECLERC. *La ville et l'arrondissement de Coutances avec le plan*. L. Ladroue, éditeur. Coutances, 1898.

*Musée de Coutances*. Catalogue du musée de peinture, sculpture et dessins. J.-J. Salettes, éditeur. Coutances, 1886.

I

# COUTANCES

*HISTORIQUE.*

Aux temps de la Gaule celtique, il existait, sur l'*emplacement actuel* de Coutances, une petite ville qui était la capitale de la tribu des *Unelles* et qui s'appelait *Cosedia*. Celle-ci occupait la région du faubourg dit du Pont-de-Soulles. Lorsque Jules César entreprit, en 58 avant J.-C., la conquête des Gaules, son lieutenant, Q. T. Sabirius battit les Unelles et leurs alliés. Cosedia fut rattachée, sous Dioclétien, à la deuxième Lyonnaise dont Rouen était le centre principal. En 296 après J.-C., Cosedia prit le nom de Constantia en l'honneur de l'empereur Constance Chlore qui l'avait fait fortifier. Elle eut son temple et son forum aux environs du château Pisquiny, lequel servait, sans doute, de résidence au gouverneur. Vers 430, S. Ereptiole vint prêcher le Christianisme et construisit, sur les ruines du temple païen (qui existait, là où se trouve, actuellement, la Cathédrale), une basilique à une seule nef dont il fut le premier évêque. Plus tard, vers le IX<sup>e</sup> siècle, pendant le règne des rois Carolingiens, les Danois, portés par leurs célèbres barques, commencèrent à apparaître sur nos côtes. Brier (dit Côte de fer) et le célèbre Hastings ravagèrent le Cotentin dès 837. Ils firent plusieurs invasions. Le butin des premières incursions fut mis à l'abri derrière le Hague-Dick qui isolait la pointe de la Hague. En 866, les Normands assiégèrent Coutances et détruisirent la ville et la basilique. L'évêque et son chapitre s'enfuirent à Saint-Lo. En 875, le fameux Rollon, fils de Ragnvald, après s'être emparé de Rouen, de Saint-Lo, etc., obtient toute la Neustrie jusqu'au Couesnon. Le clergé de Coutances qui était à Saint-Lo s'enfuit alors à Rouen et y resta pendant 160 ans. En 911, Rollon obtint par le traité de Saint-Clair-sur-Epte tout le duché de Normandie. Il organisa le pays, reçut le baptême, releva les monastères et les églises et rappela le clergé. Plus tard, le duc Richard Ier décida de rétablir l'église de Coutances. Sa veuve, Gonor, aida l'évêque Robert, venu de Lisieux, à commencer, vers 1030, les fondations d'une nouvelle basilique de style roman. C'est à cette époque que les Normands, qui avaient une civilisation très avancée et un sens artistique très développé, édifièrent les splendides abbayes de Hambye, de Lessay et de Blanche-Lande. L'évêque Robert mourut en 1048. Geoffroy de Montbray, son successeur, continua les travaux.

Or, au début du XIe siècle, vivait à 15 kil. de Coutances à Hauteville-la-Guichard, la famille des Tancrède, dont Geoffroy de Montbray était le cousin. Tancrède, chef de la famille, eut, de deux mariages, douze fils. Ceux-ci devinrent les héros de l'épopée la plus fabuleuse que l'histoire ait eu à enregistrer. Ces fils partirent pour l'Italie, battirent les Sarrazins, conquirent le sud de l'Italie, fondèrent le royaume des deux Siciles, devinrent les protecteurs du Pape, battirent l'empereur d'Allemagne, Henri IV, vainquirent l'empereur d'Orient et régnèrent à Constantinople ! De ces Tancrède descendent les « Bourbons, les Plantagenest, les Savoie, les Lorraine, etc..., c'est-à-dire toutes les dynasties européennes sauf celle de Serbie » (L. Gosset). Devenus tous princes et rois, ces Tancrède comblèrent de largesses les églises et les monastères normands. Ils firent à Geoffroy de Montbray, qui avait été les visiter en Italie, de somptueuses offrandes qui lui permirent de continuer l'édification de la basilique. Ainsi, en 1056, cet évêque put-il consacrer la nef en présence de Guillaume le Bastard, duc de Normandie. C'est pour perpétuer le souvenir de cette générosité qu'on installa plus tard, du côté nord de la cathédrale, les statues de Tancrède, « père des rois » et de ses principaux fils.

Geoffroy de Montbray prit part à la conquête de l'Angleterre et bénit les armes avant la bataille d'Hastings. Après la victoire, il fut un conseiller sagace pour le duc et l'aida à organiser sa conquête. Aussi reçut-il d'opulentes largesses qui servirent à élever les deux tours de l'Ouest jusqu'à 30 mètres de hauteur et à surmonter le transept d'une tour centrale qui, comme les autres, fut couverte de plomb. Il mourut en 1093 après avoir terminé la cathédrale romane et avoir surmonté la tour centrale d'un superbe coq doré.

Après la mort de Guillaume le Conquérant, Coutances subit les vicissitudes des guerres civiles provoquées par les prétendants à la succession du Duc.

En 1203, le duché de Normandie passa sous la domination des rois de France. C'est à cette époque, sous le pontificat d'Hugues de Morville, que la cathédrale fut restaurée et transformée en un édifice de style ogival sans que le service du culte fut interrompu. La basilique romane de Geoffroy de Montbray, édifice en pierre rouge des environs de Coutances, fut englobée dans les murs de la cathédrale actuelle qui fut construite avec de la pierre d'Yvetot (près Valognes). Ces pierres furent transportées sur des chariots et sur des « traînes », halés par des multitudes d'hommes, de femmes et d'enfants, dynamogénisés par la Foi. Dans les tours et dans les combles de la cathédrale actuelle, on a retrouvé des parties romanes caractéristiques. Mon éminent et regretté ami, M. le chanoine Pigeon, auteur de remarquables travaux archéologiques sur les monuments du Cotentin, a définitivement mis au point cette question de la métamorphose de la basilique romane en la cathédrale gothique actuelle. Notons, en passant, que « les traînes » qui servirent à transporter les matériaux nécessaires à l'édification de la cathédrale de Coutances (comme elles servirent aussi pour celles de Chartres) sont tombées en désuétude, depuis des siècles, dans toutes les villes de France sauf à Coutances où elles servent encore à transporter le bois, le lundi, jour de marché. Ce sont les fameuses « traînes à bois » chantées par L. Beuve. En souvenir de leur utilisation pour l'édification de la cathédrale, Mgr Guérard en fit représenter une dans un des médaillons d'un vitrail qu'il fit exécuter en 1918, sous la direction de l'abbé Huet et qui se trouve au-dessus du portail de la porte latérale droite de la façade de la cathédrale. Ce vitrail commémore la construction de la cathédrale sous la direction de certains évêques et en particulier de Geoffroy de Montbray.

Pendant la guerre de Cent Ans (1337-1453), Coutances et la cathédrale souffrirent d'autant plus qu'elles n'étaient pas protégées par des fortifications. Ce n'est qu'en 1364 que Charles V ordonna d'élever des défenses pour mettre la ville à l'abri des coups de main des Anglais.

Après la bataille d'Azincourt (1415), le roi d'Angleterre vint assiéger Coutances qui tomba en son pouvoir. A ce moment toute la Normandie, sauf le Mont Saint-Michel (héroïquement défendu par 119 chevaliers normands commandés par Louis d'Estouteville) fut au pouvoir des Anglais.

En 1449, la ville fut rendue aux Français.

Lorsque se forma la *Ligue du Bien public*, formée en 1464, par les seigneurs contre Louis XI, certains Coutançais remirent la ville aux mains des Ligueurs. Pour se venger, Louis XI fit détruire les remparts (1468). Plus tard, il songea à rétablir les fortifications mais il mourut sur ces entrefaites et ses projets furent abandonnés. Ce fut profondément regrettable car Coutances se trouva, plus tard, pendant les guerres de religion, à la merci des bandes armées qui battaient la campagne.

En août 1561, puis en 1562, les protestants conduits par Gabriel de Montgomery, mirent, sans raison, Coutances à feu et à sang. En mars 1563, puis en mars 1566, conduits par Colombières, ils revinrent tuer, violer, piller, brûler et se livrer à d'abominables persécutions.

Malgré ces infamies, les Coutançais ne voulurent pas, lors de la Saint-Barthélemy, se venger des huguenots qui les avaient cependant si cruellement martyrisés.

En 1576, Coutances adhéra à la *Ligue*, fondée par le duc de Guise. En 1575 et en 1578, la peste dévasta tout le pays avoisinant. Ce fut le point de départ de fondations de confréries de charités.

Par la suite, aucun événement important ne survint jusqu'à la révolte des Va-nu-pieds provoquée par l'aggravation de l'impôt de la gabelle. Le brutal Gassion, envoyé par Richelieu, réprima sans pitié cette révolte vers 1640.

Sous la Révolution, Coutances et les environs restèrent assez calmes. Par contre, le pays fut agité pendant la Chouannerie. Il y eut des combats entre Chouans et Républicains à Gavray, à Saint-Denis-le-Gast, à Hambye. Un des derniers chefs qui tint la campagne fut le chouan Destouches, né à Saint-Planchers, près Granville. Emprisonné tout d'abord à Avranches, il fut, à la suite d'une tentative d'enlèvement, transféré à Coutances. La prison était alors à l'angle de la rue Geoffroy-de-Montbray et de la rue du Siège. Destouches devait être exécuté le 22 Pluviôse. Pendant la nuit précédente, une vingtaine de ses partisans vinrent le délivrer. Cet épisode a été rendu fameux par le récit qui en est fait dans le *Chevalier des Touches*, un des romans les plus appréciés (avec *La vieille Maîtresse*, l'*Ensorcelée*, le *Prêtre marié*, une *Histoire sans nom*, etc.) du célèbre Barbey d'Aurevilly, le grand « connétable des lettres » qui naquit à Saint-Sauveur-le-Vicomte (Manche) (1808-1889).

## DESCRIPTION DE LA VILLE.

Chef-lieu d'arrondissement et siège d'un évêché, Coutances est une vieille petite ville de 7.500 habitants, située sur une colline au bas de laquelle coulent : *à l'est*, le ruisseau de Guerney ; *à l'ouest*, le Bulsard, et *au sud*, la rivière de la *Soulle*. Celle-ci fut canalisée, autrefois, pour relier Coutances au petit port de Regnéville, situé à 10 kilomètres environ. La *Soulle* traverse le vieux faubourg, dit du Pont-de-Soulle où habitaient aux cours

COUTANCES. VUE GÉNÉRALE PRISE DE LA GARE.
A gauche, église Saint-Pierre ; au milieu, la cathédrale [les flèches et le dôme].
*Cliché Neurdein.*

des siècles passés, des foulons et des fabricants de parchemins, et, il y a quelques années encore, quelques tanneurs.

Le centre de la ville est occupé par la cathédrale.

Il y a quinze ans, environ, s'étendait, devant celle-ci, une petite place dont le fond était occupé par une maison particulière, pourvue d'un assez grand jardin. La Ville, après avoir acheté cet immeuble, l'a fait abattre. Grâce à cette heureuse initiative, une vaste place s'étend maintenant devant la cathédrale et permet de la regarder en un recul suffisant pour en apprécier l'harmonie générale. Ultérieurement, la municipalité fit construire sur le côté droit de cette place un Hôtel de Ville de proportions heureuses et d'une simplicité élégante. Aussi l'ensemble de cette place est-il, à tous points de vue, agréable à regarder. Au milieu de cette place se dresse un monument, œuvre du sculpteur Hulin [1], qui représente l'amiral Tourville (décédé en 1701).


## LA CATHÉDRALE.


*(Historique).*

Ses origines ont été décrites, en grande partie, à propos de l'historique de la ville de Coutances. La cathédrale romane aurait subsisté jusqu'au début du XIII<sup>e</sup> siècle. A cette époque, après la réunion de la Normandie à la France (1203), on entreprit, sous le

---

1. Ernest Hulin, sculpteur coutançais, né à Guerney en 1882, enlevé par la grippe. à Strasbourg. en 1918. Avait exécuté diverses compositions de valeur qui lui avaient fait attribuer plusieurs médailles. Une de ses œuvres se trouve au musée d'Amiens. La statue de l'amiral Tourville a été inaugurée le 15 septembre 1907.

pontificat d'Hugues de Morville (1208-1238), la réédification de la cathédrale. Les travaux se poursuivirent, sans interruption du service divin. Les architectes inconnus, qui dirigèrent ces travaux, surent utiliser l'ancienne basilique. Le portail, les tours, les murs de la nef, bâtis en pierres rouges des environs de Coutances, furent conservés : on modifia la forme des arcs et des ouvertures et on surappliqua un revêtement gothique en pierres d'Yvetot (près Valognes) ; c'est ainsi qu'une basilique romane fut métamorphosée en une merveilleuse cathédrale gothique de style ogival sans disporportions inharmonieuses ; il est à noter, cependant, que le chœur est plus large que la nef. Le transept, le chœur, les flèches

LA CATHÉDRALE.

A droite, monument de Tourville.

furent élevés sous Jean d'Essey (1251-1274). Puis, un cloître fut construit du côté nord de la nef par l'abbé Thieuville ; il était destiné à permettre les processions en dehors de l'église. A partir de 1293, l'évêque Robert d'Harcourt, ayant obtenu la permission du roi, fortifia la cathédrale en entourant de murailles : l'église, le manoir épiscopal et les maisons des Chanoines. Cinquante ans plus tard, un de ses arrière-neveux, Geoffroy d'Harcourt, vint mettre le siège devant Coutances ! Une armée de secours envoyée par le roi empêcha la chute de la place,

mais la cathédrale avait été fort endommagée. Sylvestre
de la Cervelle, 54ᵉ évêque (1370-1386) et parent de
du Guesclin, fit faire dans tout le diocèse des quêtes
pour entreprendre les travaux de restauration. Ceux-ci
furent commencés immédiatement. Le chœur et l'abside
furent refaits presque entièrement et la chapelle absidiale ajoutée aux bâtiments primitifs ; en outre, la
galerie du triforium de la nef, fut munie d'une balustrade
constituée par des motifs de quatre feuilles. Les arcades de cette galerie, jusque-là restées ouvertes, furent
obstruées pour en augmenter la solidité. Sylvestre de la
Cervelle fit construire également plusieurs des chapelles
des basses nefs avec leurs ravissantes cloisons ajourées.
A l'extérieur de la cathédrale, cet évêque ajouta au
dôme une couronne de motifs de quatre feuilles. Les
fenêtres, les portails furent modifiés et complétés. Il est
bien probable que les premières statues des Tancrède
dont il a déjà été parlé, datent de cette époque. Les chapelles de la nef furent l'objet d'importants travaux.
Enfin, à l'extérieur, entre les deux tours, on éleva une
légère galerie couverte comportant de délicates roses.
Quant au cloître, bâti par l'évêque Thieuville, il avait
disparu après le siège de 1356.

Depuis tous ces travaux qui prirent fin dans la seconde moitié du XIVᵉ siècle, la cathédrale n'a, heureusement, été l'objet d'aucune addition ou modification
essentielle. Aucune sculpture renaissance, aucun détail
flamboyant n'y furent ajoutés.

*(Description).*

La cathédrale de Coutances est l'une des plus belles cathédrales ogivales de toute la France. Bâtie sur une hauteur et pourvue de flèches élancées, elle domine toute la ville et on l'aperçoit de fort loin à la ronde.

La façade principale est percée de trois portes. Le portail central est surmonté d'une voussure ornée de niches et de colonnettes dont les chapiteaux supportaient, autrefois, 17 statues de grandeur naturelle. La porte latérale droite est surmontée d'une élégante fenêtre trilobée. Celle de gauche, dont la fenêtre n'a pas la même disposition, ne s'ouvre que pour la première entrée des évêques puis pour le passage de leur cercueil. Au-dessus des trois voussures se trouve une galerie de circulation. Derrière celle-ci, entre les deux tours, s'élève une immense fenêtre à ogive. Des colonnettes la subdivisent en hauteur. A la partie supérieure se trouve une belle rosace à six branches. Un peu au-dessus de cette grande fenêtre, court une seconde galerie qui s'étend d'une tour à l'autre. Cette galerie dite *Galerie des Roses*, due à Sylvestre de la Cervelle, est recouverte d'une sorte de toit supporté par douze colonnettes réunies en ogive à leur partie supérieure. Trois gables, percés de rosaces, les surmontent. Entre les sommets de ces trois gables se trouvent deux rosaces plus importantes. Au-dessus de tout, existe une troisième balustrade ajourée, fort élégante. Latéralement se trouvent deux puissants contreforts.

Les deux tours, hautes de 80 mètres environ, sont

dépourvues, comme le reste de la façade principale, de statues et de bas-reliefs. La beauté de ces tours vient de leur élégance, de leur sobriété, de l'harmonie de leurs lignes et de leurs proportions, et de la légèreté que leur confèrent les colonnettes et les fenêtres ogivales. Les deux tours ne sont pas rigoureusement semblables. Celle de droite est percée de beaucoup plus de fenêtres que celle de gauche. A partir du niveau de la dernière galerie, les deux tours ne diffèrent plus sensiblement. Vers le milieu de chacune des tours s'élèvent de longues colonnettes qui soutiennent des clochetons de hauteurs variables. Chaque tour est ainsi entourée d'une quinzaine de clochetons. Les deux clochers principaux, entourés par ces clochetons, sont percés de nombreuses fenêtres. Ils se terminent par deux flèches qui dépassent de beaucoup la pointe des clochetons environnants. Le célèbre critique d'art et philosophe Ruskin (1819-1900) admirait, sans réserves, la hardiesse et la simplicité de ces flèches. La complexité élégante des fenêtres, des colonnettes et des clochetons, donne un tel jeu d'ombres et de lumières que cet éminent critique a écrit qu'il ne connaissait « aucun motif d'architecture dont l'aspect varie davantage selon les heures du jour ».


*Porches latéraux.*

Deux porches latéraux donnent accès dans la cathédrale. L'un donne sur la rue Geoffroy-de-Montbray et l'autre sur la rue Tancrède. Le premier, qui est le

LA CATHÉDRALE.

Remarquer les Normandes portant les grandes coiffes (dites aussi : bonnets ronds)
et la petite boutique accolée à la cathédrale.

*D'après une vieille lithographie.*

2

plus grand et le mieux décoré, présente, au-dessus de
la porte d'entrée, un bas-relief représentant le Christ
assis sur son trône et entouré des attributs des 4 Évan-
gélistes. Le second est orné d'un bas-relief représentant
la Sainte-Vierge assise sur un siège et entourée de deux
anges qui fléchissent les genoux. Toutes ces sculptures
ont été mutilées lors de la Révolution ; les têtes, les
mains, les ailes n'existent plus. A côté du porche de
droite, se trouve une petite boutique, occupée par une
librairie. A l'époque médiévale, de nombreuses cathédrales ou églises étaient ainsi entourées de petites bou-
tiques accolées sur leurs flancs. A la suite du porche de
gauche se trouvent, sur les piles des chapelles, la *Galerie
des Rois*, c'est-à-dire les statues des Tancrède de Hauteville, surmontées de dais à jour. Ces statues, qui
avaient été démolies au cours des siècles passés, ont
été rétablies vers 1875.


*Le Plomb.*

A la croisée des nefs s'élève une troisième tour octogonale, nommée le *Dôme*. Vue du dehors, avec ses huit
grandes fenêtres ogivales, ses tourelles, ses colonnettes
et sa balustrade supérieure, cette tour est, quoique
dépourvue de sculptures, absolument remarquable,
et d'une hardiesse unique au monde.

Sa voûte, qui, d'après les premiers projets, devait
être surmontée d'une tour, n'a reçu qu'une couverture
en *plomb*. Du haut de cette terrasse, à laquelle on
accède après un délicieux parcours à l'intérieur de cette

immense lanterne, parcours qui permet d'avoir une vue splendide sur l'intérieur de la cathédrale et d'étudier le magnifique vitrail qui regarde la rue Géoffroy-de-Montbray, on peut, par temps clair, embrasser un immense panorama et voir tous les alentours, Granville, parfois même la cathédrale de Bayeux et enfin les îles de Chausey et de Jersey.

## *INTÉRIEUR DE LA CATHÉDRALE* [1]

### *( Généralités ).*

La nef et le chœur forment, avec le transept, une croix latine dont la longueur est de 96 mètres environ. La largeur de la nef est de 34 mètres, chapelles comprises. La voûte de la grande nef a 22 mètres de hauteur. L'ensemble est une merveille d'architecture ogivale, puissante, sobre et élégante, sans surabondance de sculptures comme sans polychromage. Tout l'intérieur de la cathédrale est de couleur pierre naturelle patinée par les siècles. Toute la nef est trop claire parce qu'elle a été privée, ainsi que les chapelles des bas-côtés, des vitraux anciens. Mais, à tout prendre, cette clarté un peu trop grande est préférable à l'obscurité qui règne dans la cathédrale de Cologne ou dans celle de Strasbourg.

Le chœur, lui, a conservé six vitraux aux coloris

[1]. Plusieurs aspects de l'intérieur de la cathédrale sont très heureusement rendus dans un bel album dont les planches furent dessinées par J. Quesnel et taillées dans le bois par Jean Thezeloup et qui est édité « Au pou qui grimpe » à Coutances.

somptueux mais ces vitraux sont si poussiéreux qu'on ne peut plus guère distinguer les sujets. Le sanctuaire est pourvu de très belles verrières du XIII$^e$ siècle habilement restaurées (l'adoration des bergers, des Mages l'Annonciation, la Visitation, la Nativité, la Mort, l'Assomption, le couronnement de Marie)... A droite, le vitrail date du XV$^e$ siècle. Je reviendrai, à propos des chapelles du déambulatoire, en particulier, sur la description des vitraux de la cathédrale. Toutes les chapelles des bas-côtés communiquent d'une part, entre elles, par des travées très ajourées, de style ogival (disposition unique au monde), et, d'autre part, avec les bas-côtés, si bien que l'œil peut, d'emblée, embrasser la plus grande partie de toute la cathédrale sous une lumière propice.

La hauteur de la nef, l'élégance des piliers, l'élévation considérable du dôme, l'heureuse disposition du déambulatoire, l'absence de statues polychromes, l'absence d'ornements superflus, font de l'intérieur de la cathédrale de Coutances, quand on en prend une vue d'ensemble, de différents points [avant de l'étudier ensuite en détail], une des plus belles cathédrales de France. L'impression générale d'espace grandiose serait encore plus forte et les piliers se détacheraient encore mieux si cette cathédrale était débarrassée de ses chaises modernes dans l'intervalle des services religieux, comme je l'ai vu faire aussi bien dans la plupart des églises de Belgique (Gand, Bruges, Malines, etc.), dans la cathédrale de Cologne et dans celle de Strasbourg, de Grenade, de Séville et même en Angleterre.

De même, pour augmenter la solennité de ce lieu de prières, serait-il heureux de poser sur le sol, là où l'on circule, de grandes nattes de paille ou de corde tressées comme cela existe dans maintes cathédrales et à Strasbourg en particulier. Ainsi les pas de visiteurs, souvent pas assez attentifs au bruit qu'ils occasionnent, ne troubleraient pas le recueillement des fidèles et le silence majestueux de cette belle basilique. Ce sont les deux améliorations possibles, qui ne peuvent que recevoir l'assentiment de l'évêque actuel, Monseigneur Guérard, qui a eu le mérite de faire exécuter déjà plusieurs travaux importants (édification du puits ; dégagement du chœur et de la chapelle Saint-Jean ; construction du reliquaire ; mise en place de certains vitraux ˉdont celui sur lequel se trouve « la traine à bois »], etc. Je souhaite, également, que cet éminent Prélat trouve bientôt, auprès des fidèles, les fonds nécessaires non pour améliorer l'éclairage de la cathédrale, mais pour le transformer quand la ville de Coutances aura l'électricité. Pour parfaire l'éclairage du jour, il suffira de remplacer par de belles verrières, les vitraux blancs des bas-côtés. Reste la question de l'éclairage de nuit. Il est réalisé, dans la cathédrale de Coutances, par des lampadaires suffisamment sobres et puissants, qui représentent, vraiment, ce qu'on a fait de mieux, jusqu'à présent, pour l'éclairage artificiel des églises. Mais il n'empêche que la question de l'éclairage électrique a fait l'objet, depuis de nombreuses années, d'heureuses trouvailles et c'est même dans ce domaine que l'effort des artistes modernes a donné les plus beaux résultats. Aussi les églises et les cathédrales, en général, doivent-elles profiter, sans tarder, des résultats acquis dans cet ordre d'idées. Or, étant donné qu'il doit régner, dans une église, un éclairage venu d'en haut, discret (pour ne pas détruire l'harmonie des lignes sculpturales) et, enfin, aussi mystique que possible, on obtiendrait des résultats grandioses en dissimulant des lampes électriques soit derrière les corniches, soit derrière certains motifs de sculpture. Il en résulterait une lumière douce, blafarde et diffuse qui serait idéale.

D'autre part, là où il faudrait employer des vasques, n'est-il pas tout indiqué d'en faire avec des morceaux de vitraux reliés par du plomb et qui représenteraient par exemple, des réductions de rosaces ? De jour, ces vasques s'harmoniseraient avec l'ensemble de la cathédrale et avec les grandes verrières ; et, le soir venu, elles diffuseraient un éclairage mystique et féerique qui serait l'équivalent, après le crépuscule, de celui qui filtre, pendant le jour, à travers les somptueux vitraux. Ainsi, grâce à un éclairage électrique bien compris [1], [et qui n'a encore été réalisé, dans aucune cathédrale ou église] et les deux améliorations précédemment indiquées, la cathédrale de Coutances qui, telle quelle, est un merveilleux monument, serait unique au monde [2].

Mais revenons à la description de cette cathédrale.

---

1. Cet éclairage, n'a été réalisé, hélas, *jusqu'à présent* dans aucune cathédrale ni dans aucune église.

2. A côté de ces desiderata d'ensemble. je dois signaler que le Chemin de croix qui se trouve dans la cathédrale, est fort discret et témoigne d'un goût parfait

La nef et le chœur sont bordés d'un double rang de colonnes et de chapelles dont la disposition et les sculptures sont aussi belles que rares. La nef présente au-dessus de ses grandes arcades un triforium bordé d'une balustrade à rosaces. Une autre à colonnettes, longe le bas des fenêtres hautes. Ces balustrades sont croisées, à chaque travée, par des colonnettes sur le chapiteau desquelles porte la voûte. A la croisée des nefs s'élève la lanterne [le Dôme] haute de 41 mètres. Sa hardiesse et son élégance grandiose ont faire dire à Vauban qui la contemplait : « Quel est le fou sublime qui a osé lancer dans les airs un pareil monument ». Cette lanterne, dont la voûte est soutenue par seize branches, est supportée par les quatre gros piliers du transept. Grâce à un ingénieux système de colonnes et de colonnettes qui montent d'un seul jet jusqu'à la voûte, ces piliers puissants ne paraissent pas lourds. La coupole intérieure est octogonale. Elle est munie de deux balustrades ajourées et de gracieuses colonnades qui encadrent des fenêtres ogivales. Le chœur n'a pas de triforium ; les arcades montent jusqu'aux grandes fenêtres. Celles-ci sont encore ornées de vitraux du XIVe siècle. Ces vitraux ont échappé au siège de 1356 qui en détruisit tant. Il existe encore quelques vitraux plus anciens, datant de la seconde moitié du XIIIe siècle qui se trouvent dans les lancettes du bras gauche du transept [1]. Ceux du bras droit du transept, qui compor-

---

1. Dans la partie gauche du transept s'élève une colonne de marbre surmontée d'un Saint Michel métallique. Une statue de pierre, sur une colonne de même matière, eut été plus appropriée à l'ambiance.

tent des rouges et des jaunes de toute beauté sont, par
contre, du xvɪᵉ siècle. Quant à la superbe rosace du
portail central, où dominent les bleus et les violets
somptueux, il faut la voir illuminée par les rayons du
soleil couchant pour en percevoir toute la splendeur.

*Grand autel.*

Il date de Louis XV. Antoine Duparc et son fils
Raphaël le sculptèrent de 1755 à 1757. Ce maître-autel
a la forme d'un tombeau à l'antique. Les enfants, les
chérubins et les anges qui y sont représentés sont juste-
ment admirés [1]. Cet autel faillit être détruit pendant la
Révolution, car il servait à la distribution des subsis-
tances, cependant que la nef abritait de la cavalerie.
Plus tard, sous la Terreur, la cathédrale servit de maga-
sins à grains, puis de temple de la Raison, de l'Éternel,
de l'Être Suprême et même de théâtre décadaire destiné
à distraire et à instruire le peuple. C'est, d'ailleurs,
à cette époque que celui-ci démolit les statues de Tancrède, déjà mutilées par les protestants, martela les
sculptures des tympans des porches latéraux, enleva les
stalles [2], les confessionnaux, les portes, les autels des
chapelles, les grilles. Le tout fut vendu, aux enchères...,
pour 3.348 livres : A ce moment, également, fut dérobée
une splendide tapisserie de haute lice à fond d'or et
d'argent, donnée par Geoffroy Herbert et représentant
l'histoire des douze travaux d'Hercule adaptée, naïve-
ment, à la vie de Jésus-Christ. Un peu plus tard, le

1. Une copie de chacun des deux anges agenouillés, situés à droite et à
gauche de l'autel, orne l'autel de l'église de Saint-Lô.

2. Les stalles de chœur actuelles sont en chêne de teinte trop claire.

représentant du peuple, Jean-Bon Saint-André, fit
enlever le plomb qui recouvrait le toit de la cathédrale
pour fondre des balles, mais ne le fit remplacer par aucun
autre recouvrement. Il fallut l'heureuse intervention de
M. Duhamel, agent national, pour que la cathédrale
fut préservée de la ruine.

*Chapelles.*

La plupart sont postérieures au XIIIᵉ siècle. Les
chapelles de la nef, bâties par Sylvestre de la Cervelle,
sont considérées comme les plus belles qu'il puisse
exister. Elles sont munies de séparations à claires-voies
d'une rare élégance alors que, dans presque toutes les
églises, il existe des murs pleins. Il en résulte une radieuse
impression d'air, de lumière, et la possibilité d'apercevoir
les chapelles voisines. Le carrelage de quelques chapelles
comporte encore quelques magnifiques pavés émaillés
anciens, tantôt à fond rouge, tantôt à fond noir, dont
quelques-uns sont aux armes de France et de Castille [1].
Ces pavés émaillés, dont les dessins sont malheureusement en voie d'effacement, n'ont jamais été spécialement
étudiés, que je sache. Je suis porté à croire que, comme
celui que j'ai vu à l'abbaye de Hambye, et dont je
parle à l'occasion de celle-ci, ils proviennent des anciennes poteries du Pré-d'Auge. On trouve ces pavés
surtout dans la chapelle Saint-André (qui est la 3ᵉ cha-

---

1. Il serait à désirer que tous ces carreaux qui sont répartis dans plusieurs
chapelles et, pour beaucoup, situés sur le passage conduisant à l'autel ou au
confessionnal [si bien que les pas les usent de plus en plus] soient réunis dans
une seule chapelle [de part et d'autre de l'autel afin qu'ils ne soient pas exposés
à l'effacement complet].

pelle à partir du bas de l'église et qui donne sur le bas-
côté gauche) et également dans les chapelles Saint-
Martin, Saint-Georges, Saint-Nicolas. Ces diverses chapelles ont, d'autre part, des autels de bois qui, sans être
dans l'esprit de la cathédrale, ont cependant un certain
intérêt et qui sont tous surmontés de logettes ogivales
trilobées, qui devaient être destinées à encadrer des
fresques murales, car il reste des traces de fresques
polychromes au-dessus de l'autel de la chapelle Saint-
Martin, à gauche, et dans la chapelle Saint-Louis, à
droite [1].

Les chapelles du bas-côté droit sont également remarquables. Elles ne possèdent pas de vieux carreaux
émaillés. Leurs autels sont en bois, sauf celui de la chapelle Saint-Apollinaire qui est en pierre.

### Chapelles du Déambulatoire.

Les autels du déambulatoire ne sont séparés les uns
des autres par aucune cloison, ce qui confère, à l'ensemble de cette partie de la cathédrale, une rare élégance. Certaines chapelles ont un autel en pierre, en
forme de coffre, datant d'Hugues de Morville. Ces
autels fort simples et fort beaux, et qui cadrent parfaitement avec toute l'ambiance, se rencontrent dans les
chapelles Sainte-Catherine [2], et Saint-Étienne. L'autel de
la chapelle Saint-Jean-Baptiste est une très heureuse
imitation de ces vieux autels. D'autres autels, comme

---

1. Au-dessus de l'autel de la deuxième chapelle du bas-côté gauche se trouve
une inscription gothique.

2. L'autel de la chapelle Sainte-Catherine est, malheureusement, flanqué de
deux troncs peu esthétiques.

celui de la chapelle Saint-Mathurin [1], par exemple,
consistent en une table soutenue par des piliers de pierre
moulurés. Ils ont moins de caractère que les précédents,
mais ils réalisent, si j'ose m'exprimer ainsi, un « mime-
tisme » artistique par rapport à l'ensemble, qui les rend
fort intéressants. Par contre, d'autres autels jurent
nettement avec leurs voisins ainsi qu'avec l'époque et
l'esprit de la cathédrale. Ce sont les autels, munis de
colonnes de marbre, que l'ont peut voir dans les chapelles Saint-Marcouf, Saint-Michel, Sainte-Madeleine.

Ces diverses chapelles sont séparées du pourtour du
chœur par de robustes colonnes munies de chapiteaux
adornés de feuillages.

L'éclairage de ces diverses chapelles, est réalisé par
des petites fenêtres jumelles surmontées d'un trèfle.
Quelques vitraux méritent d'être spécialement remar-
qués ; à gauche, ceux de Saint-Louis et plus particulièrement ceux de Saint-Marcouf, habilement restaurés,
et qui sont splendides. Celui de Saint-Ludovic (Saint-
Louis), compris entre la chapelle de Saint-Mathurin
et celle de Sainte-Catherine, est également fort beau.
Celui de Sainte-Catherine comporte beaucoup de parties
modernes. A droite, dans la chapelle Saint-Michel et
Saint-Lo (XIIIe siècle) beau vitrail avec prédominance
de tons bleus et rouges. Ceci dit, en général, sur les
diverses chapelles, voici celles qui doivent être plus
spécialement admirées :

1º La Circata ou chapelle Notre-Dame, située au fond

---

1. Sous la table de l'autel Saint-Mathurin se trouve un sarcophage représentant un évêque étendu et revêtu de ses ornements. (Évêque Algare 1151 ?)

de l'abside. C'est là que se dit l'office canonial et que réside le T. S. Sacrement. Cette chapelle possède un autel gothique métallique (!), des stalles pour le chapitre et de beaux vitraux modernes. Cette chapelle qui est l'œuvre de Sylvestre de la Cervelle a été entièrement polychromée, au cours du siècle dernier ; la sépulture de cet évêque s'y trouve d'ailleurs ainsi que celles de plusieurs autres évêques de Coutances (quatre belles pierres tombales).

2º Chapelle Sainte-Marthe. Située à droite du déambulatoire, elle possède un autel datant de 1251, constitué par une table de pierre soutenue par trois pilastres qui ne sont que les parties antérieures de trois cloisons de pierre. Cette chapelle est éclairée par un joli vitrail moderne rappelant l'histoire de la sainte.

3º Chapelle Saint-Joseph. Clôturée par une grille, cette chapelle est ornée d'une fresque fort curieuse de la Renaissance représentant Jean de Chiffrevast, gouverneur de Valognes (fondateur de cette chapelle) et sa femme, Guillotte de la Houssaye, avec leurs armoiries. Cette chapelle comporte malheureusement de grands *ex-voto* de marbre blanc et un vitrail moderne dont les coloris laissent à désirer.

4º Chapelle de Saint-Jean l'Évangéliste. A été fondée en 1414, par Jean Carbonnel, seigneur de Cérences, dont le corps repose dans un tombeau en compagnie de ses deux femmes.

5º Dans le transept de droite (transept sud) se trouve un puits qui contient une eau qui a accompli des miracles surtout à l'époque de Geoffroy de Montbray. Derrière ce puits, protégées par une grille encastrée entre des colonnes de pierre, sont exposées des reliques (reliques de la vraie Croix et de la Couronne d'épines, reliques de saint Lo, de saint Romphaire, et de quelques bienheureux Coutançais : le P. Chapdelaine, Thomas Hélye, la Mère Marie-Madeleine Postel). L'autel de cette chapelle dite Notre-Dame du Puits est trop ouvragé, trop compliqué, trop blanc ; il jette une note un peu discordante dans ce joli coin de la cathédrale. Du transept sud on aperçoit fort bien la verrière du transept nord représentant la vie de saint Thomas Becket, archevêque de Cantorbéry (vitrail du XIII$^e$ siècle, restauré).

6° Sur le bas-côté droit de la nef, la chapelle Saint-François représente, sous la fenêtre, un bas-relief en deux étages, représentant la Nativité, la Circoncision, les Mages près d'Hérode, le massacre des Innocents, la fuite en Égypte. La plupart des personnages ont été mutilés en 1562 par les protestants. A gauche, on voit le Crucifiement avec, au-dessous, saint François et saint Eustache. A droite, Assomption de la Vierge et Couronnement de la Sainte Vierge.

7° Chapelle Saint-Ludovic (Saint-Louis). Jolie petite fresque au-dessus de l'autel. Cette chapelle, comme toutes celles des bas-côtés de la nef, est dépourvue de vitraux.

*Chaire.*

La chaire actuelle de la cathédrale est moderne et sans beauté. En outre, ses dimensions étant trop petites,

elle est écrasée par l'ensemble, si grandiose, de la nef
et du chœur. On laisse espérer qu'elle n'est que provisoire mais combien de temps ce provisoire durera-t-il ?

*Orgues.*

Très belles, imposantes, reposant sur le sol, par l'in-
termédiaire de quatre colonnes, elles datent de 1724
et ont été apportées, en 1790, de l'abbaye de Savigny-
le-Vieux. Elles ont été, malheureusement, revêtues de
peintures en 1831. Elles sont adornées de statues
d'anges munis de trompettes ou soutenant des guirlandes de roses et surtout de deux belles cariatides
représentant des centaures parfaitement sculptés. Restaurées en 1918, ces orgues ont de fort belles sonorités.
Le buffet est l'œuvre des sculpteurs caennais Louis Le
Guillard et Jacques Picard. Le vitrail situé derrière ces
orgues date de 1842.

## PALAIS ÉPISCOPAL.

Il a son entrée au fond d'une ruelle qui se trouve à côté
du porche latéral droit de la cathédrale. Il fut construit,
sous Louis XV, par Léonor de Matignon, et inauguré par
Claude Auvry. Après des démêlés avec son chapitre,
ce prélat qui avait pris parti pour Mazarin pendant la
Fronde (au point de parcourir les rues de Coutances,
armé de toutes pièces, pour disperser les séditieux)
se retira à la Sainte-Chapelle de Paris dont il devint

trésorier. Là encore, il ne put s'entendre avec le nouveau chapitre. Aussi fut-il plaisanté par Boileau :

*Je chante les combats et ce prélat terrible*
*Qui, par ses longs travaux et sa force invincible*
*Dans une illustre église, exerçant son grand cœur*
*Fit placer, à la fin, un lutrin dans le chœur.*

Le Palais présente, au milieu de la façade, un pavillon qui fait saillie. A l'intérieur, il était recouvert de belles boiseries, blanc et or dans le salon, vert d'eau dans la salle à manger. Ce Palais ayant été retiré à l'Évêque il y a quelques années, était libre lors de la déclaration de guerre en 1914. On y logea des troupes de l'armée belge qui dégradèrent boiseries et parquets.

## ÉGLISE SAINT-PIERRE.

Cette église, qui se trouve au milieu de la rue Geoffroy-de-Montbray a 42 mètres de longueur sur 17 de large environ. Elle a été bâtie par les Normands, convertis au christianisme, sur l'emplacement d'une autre que leurs ancêtres avaient détruite. Cette reconstruction date de l'an 1000 environ. Mais, pendant la guerre de Cent Ans, la nouvelle église fut presque entièrement démolie, parce qu'elle se trouvait en dehors des remparts. Lorsque l'évêque Geoffroy Herbert ne put obtenir l'approbation de son chapitre pour l'édification de la flèche centrale de la cathédrale, il employa les fonds qu'il réservait à ce projet, à reconstruire l'église Saint-Pierre. Les travaux furent commencés le jour Saint-

Georges de l'an 1494 comme l'atteste une pierre encastrée dans le mur à gauche de l'autel Notre-Dame de la Salette. Par la suite, Geoffroy-Herbert dut faire appel à la générosité de diverses familles coutançaises pour achever les travaux. Les armoiries de ces familles se trouvent aux arcades des voûtes, dans la nef, ainsi que sur plusieurs vitraux et dans les fenêtres de la lanterne. En 1572, l'église n'était pas encore terminée. Sous la Révolution, elle servit d'écurie et de magasin à foin. Elle fut rendue au culte en 1800. L'église Saint-Pierre est un gracieux monument dans lequel domine l'ogive flamboyante. Elle possède deux tours dont l'une surmonte la façade et dont l'autre se trouve à la croisée des nefs. La première est flanquée de deux énormes contreforts, ornés de niches à clochetons, remontant vers une élégante tour du XVI<sup>e</sup> siècle, terminée par un lanternon. Les fenêtres sont gothiques et ornées de sculptures délicates. Autour de la plate-forme carrée se trouve une balustrade flamboyante. La façade principale de l'église est creusée de niches dépourvues de statues. Sur les côtés Nord et Sud de la tour ont été construits deux petits édifices à colonnettes et fronton encadrant des horloges. L'une date de 1550, l'autre de 1694. A la croisée du transept s'élève une tour octogonale de style Renaissance. Cette tour est supportée par quatre gros piliers, dont chacun est formé de quatre colonnes entre lesquelles se trouvent des petites colonnettes. Elle est adornée de tourelles d'angle terminées par des clochetons en forme de lanternes avec des enroulements aux angles. Au milieu se dresse

Église Saint-Pierre.

*D'après une vieille lithographie.*

3

une pyramide de pierre, en forme de tiare pontificale, pourvue de moulures et de sculptures délicates. Cette forme symbolique rappelle le concours du pape Alexandre VI dans la construction de l'édifice. Cette pyramide octogonale, qui date de 1550, est éclairée par 16 fenêtres et ornée de 16 colonnes. Chacune d'elles est surmontée de 2 chapiteaux sculptés.

Lorsque l'on pénètre dans cette église, on est frappé de la simplicité intérieure qui contraste avec la profusion des ornements de l'extérieur. Au-dessus des grands arceaux de la nef, court une balustrade flamboyante ornée de fleurs et de guirlandes. L'intérieur de la lanterne a deux étages comme celle de la cathédrale. Le premier est orné d'arcatures séparées par de basses colonnettes. Le second est percé de 16 fenêtres et recouvert d'une voûte à seize nervures fort remarquable. Il faut remarquer, en outre, de façon particulière :

1º L'escalier du dôme, en pierre, à noyau creux, qui est un chef-d'œuvre.

2º La chaire hexagonale qui provient de l'ancienne abbaye de la Lucerne près de Granville. Elle date du XVIIIᵉ siècle et fut apportée à Saint-Pierre en 1808.

3º Les stalles du chœur qui sont de la Renaissance. Elles furent placées en 1654 et 1655. Les dessins des dossiers sont fort variés. La plupart, cependant, sont ornés d'élégants entrelacs.

4º La statue de saint Sébastien (Renaissance) qui se trouve dans une chapelle à gauche du pourtour.

5º Les vitraux des chapelles du transept ; entre autres, celui représentant la Vierge immaculée qui rappelle qu'en 1695 fut constituée, à Saint-Pierre, une confrérie en son honneur. Au-dessus de l'orgue, se trouve un fragment important d'une vieille verrière. Au-dessus du maître-autel, vitraux du XVI^e siècle. Dans la chapelle absidiale, les verrières de saint Michel et saint Jean sont anciennes. Les autres sont modernes.

6° Le tableau représentant la *Mater Dolorosa*, par Jean-Baptiste Quesnel, de Coutances.

## ÉGLISE SAINT-NICOLAS.

Sur l'emplacement de cette église, il y eut, tout d'abord, une simple chapelle, qui fut remplacée, au début du XIII^e siècle par une église ; celle-ci fut très abîmée par les Anglais (1418), puis par les huguenots, commandés par Montgommery. On la démolit au XVI^e siècle. Il n'en reste que le portail de style ogival et la muraille servant de pignon à l'église actuelle, laquelle fut édifiée en 1620, 1621 et 1622. Le chœur fut achevé en 1626. Le dôme ne fut construit qu'en 1701. Sous la Terreur, l'église Saint-Nicolas fut livrée au pillage. Une nuit, une bande de forcenés s'introduisit dans l'église avec le dessein de la détruire en démolissant les piliers du dôme et en sciant les chevrons de la toiture. Un cordonnier du voisinage, qui rapetassait des souliers, entendant du bruit, vint voir ce qui se passait. Il donna l'éveil et les démolisseurs durent s'enfuir. Plus tard, on fit de cette église une écurie et un grenier à foin [1]. Elle fut rendue au culte en 1800.

[1]. L'église Saint-Pierre eut la même destination.

L'église Saint-Nicolas ayant été construite en plusieurs fois, n'est ni un chef-d'œuvre comme la cathédrale, ni une œuvre d'art comme Saint-Pierre. Elle mérite cependant la renommée dont elle jouit malgré son aspect extérieur qui est sans grâce et son portail qui ressemble à celui d'une pauvre église de campagne.

L'édifice est de style ogival. Il est surmonté d'une tour centrale un peu massive, qui est percée de fenêtres en plein cintre et accompagnée de quatre clochetons. Un lanternon termine le tout. A l'intérieur de la nef, des colonnes rondes, sans chapiteaux, supportent des arcades qui sont surmontées d'une balustrade ; celle-ci est entrecoupée par des colonnettes qui reposent sur des culots représentant des têtes humaines. La nef est occupée par des bancs de bois. Cette disposition particulière se rencontre dans toutes les églises des villages normands. Sur le bas-côté gauche de la nef, on peut remarquer, entre les fenêtres ogivales occupées par des vitraux modernes bien inesthétiques, des colonnes qui reposent sur des culots représentant des têtes ou des personnages en raccourci. Ces culots n'existent pas du côté droit. Dans le transept du côté gauche, se trouve un beau saint Nicolas en bois et une fort belle statue, également de bois, représentant saint Ortaire. Ce saint a le pied gauche en extrême varus. Aux murs sont accrochés des tableaux religieux qui ne sont pas sans mérite. Malheureusement, ces toiles, comme celles qui se trouvent dans les autres parties de l'église ne sont pas entretenues et ne portent pas d'inscriptions indicatrices. Or il est grand temps de les nettoyer, de recoller les endroits déchirés, de les revernir et de redorer les cadres qui se délabrent de plus en plus.

Un besoin intempestif de surcharger de décorations l'intérieur de cette église, qui aurait dû rester sobre et sévère, a fait ériger, dans le transept, de chaque côté de l'entrée du chœur, deux autels en bois, modernes, et trop compliqués de lignes, qui ne sont pas dans la note du style ambiant. À côté de chacun de ces autels se trouvent : *à gauche,* un autel de marbre et de pierre, sans beauté et *à droite,* un autel de bois blanc. Ce dernier qui est consacré à Notre-Dame du Perpétuel-Secours est entouré de nombreux *ex-voto* de marbre blanc. Tout cela nuit au sobre ensemble architectural qui avait été pieusement respecté au cours des siècles passés.

Le chemin de croix qui orne les murs de Saint-Nicolas est moderne. Il eût été préférable, à cause de l'ambiance, soit de marquer les stations par de simples croix comme à la cathédrale, soit de mettre une copie de chemin de croix ancien, en plâtre patiné couleur vieille pierre. On trouve facilement ces copies qui ont une réelle valeur artistique, aux ateliers de moulage du Louvre ou du Trocadéro[1].

On peut se procurer également dans ces ateliers des copies de belles et naïves statues anciennes (de toutes époques avec des patines de toutes teintes), que je préfère, pour ma part, aux statues de plâtre, modernes

---

1. Ceci est une première solution, la moins onéreuse. Il en est une autre encore : ne trouve-t-on pas en effet, chez les antiquaires, de fort belles et authentiques œuvres d'art religieux : retables, chemins de croix, tableaux, statues de pierre et de bois ?

et polychromes, fabriquées aux environs de Saint-Sulpice et qui déparent tant de belles églises.

Dans le chœur, les colonnes ont des chapiteaux assez courts. La voûte du déambulatoire présente, à l'intersection des arcs des nervures, des pendentifs admirablement travaillés. A l'entrée du chœur se trouve un arc de bois sculpté, datant de l'époque Louis XV qui supporte un Crucifix. Ce dispositif se retrouve dans la plupart des églises de la campagne normande.

Il faut remarquer, en outre :

1° Une fort belle statue, en marbre, dite : de la Vierge à l'Enfant, datant du xive siècle, qui se trouve dans la chapelle derrière le chœur. La figure est ravissante de grâce et de candeur naïves. Le drapé de la robe est parfait. Cette statue fut donnée, dit-on, par Saint-Louis, à la cathédrale lorsqu'il vint visiter Coutances. Pendant la Terreur, elle fut vendue aux enchères, avec un tableau, pour 6 francs 12 sous. L'acquéreur, M. Lebouteillier, la légua, en mourant, à l'église Saint-Nicolas (1824) [1].

2° Dans le croisillon de droite, sur l'autel de la chapelle des Agonisants, un tableau remarquable représentant « Jésus-Christ en croix », dû à Gomez, domestique, puis élève de Murillo, qui fut l'un des peintres les plus illustres de l'école espagnole.

3° Le maître-autel en beau marbre blanc (style Renaissance) ; ce maître-autel est malheureusement précédé d'un tapis rouge à grands ramages.

---

1. La chapelle qui renferme cette adorable Vierge est munie de vitraux modernes sans aucune valeur à tous points de vue : composition, style, coloris, qualité de la matière. Ces vitraux sont, d'ailleurs, en voie d'effacement.

4° Les autels gothiques des chapelles sont en bois ; et furent sculptés par des artistes de Coutances.

5° La chaire en vieux chêne, de la fin du XVI$^e$ siècle, qui est simple mais fort belle.

## HOTEL DE VILLE.

Il est composé de deux parties : Une ancienne (ancien hôtel de la famille de Cussy) qui donne sur la petite place du marché aux cochons, bordée par la rue Daniel, et une moderne, qui a été construite, il y a quelques années, sur le côté droit de la place de la Cathédrale (ou place du Parvis). Cet hôtel de ville renferme la Caisse d'épargne et la bibliothèque qui possède 16.000 volumes environ, une cinquantaine de manuscrits et une trentaine d'incunables datant de 1480 à 1520. Cette bibliothèque possède, en outre, des cartes marines de Beautemps-Beaupré, des cartes de Cassini, de Chatelain, de Levasseur et quelques tableaux empruntés au musée. Le théâtre est contigu à l'Hôtel de Ville.

Le lundi, jour de marché à Coutances, la petite place située devant le vieil hôtel de ville sert de marché à cochons.

Sur la place de la Cathédrale, devant le nouvel Hôtel de Ville, se trouve le marché aux légumes. Un peu plus loin, devant le Séminaire, siège le marché aux fagots. Ces derniers, après achat, sont transportés au domicile de l'acheteur sur des traîneaux de bois tirés par un cheval. Ces « traînes à bois du marché de Coutances » font l'objet d'une savoureuse poésie de L. Beuve [1].

*MUSÉE.*

Le Musée est installé tout près de l'hôtel de ville dans un petit hôtel du XVIIe siècle, légué à la ville en 1853, par Quesnel dit de la Morinière. Le jardin de cet hôtel est devenu le Jardin public.

Le Musée comprend plusieurs salles dans lesquelles se trouvent des peintures, des gravures, une petite collection minéralogique, quelques objets de l'époque magdalénienne, de l'âge de la pierre polie et de l'époque gallo-romaine et enfin quelques curiosités locales.

Un grand nombre de toiles sont médiocres. Les seuls tableaux dignes d'attention sont les suivants : 1° Une magnifique toile de Joseph Vernet intitulée : le *Retour de la pêche*, due à la générosité de Mgr Bravard ; 2° Trois belles marines de Liot, de Sauvage et de Galerne ; 3° Une toile de Cormon représentant la *Résurrection de la fille de Jaïre* ; 4° Un portrait de Louis XV et de son ministre Choiseul, par un des Van Loo ; 5° Un très beau portrait, non signé, d'une femme noble de l'époque de Louis XVI ; 6° Un paysage avec figures de Fragonard ; 7° Un fusain représentant le port de Regnéville, par Couraye du Parc ; 8° Un superbe portrait de l'archichancelier de l'Empire Lebrun, né à Coutances, signé par Robert Lefèvre ; 9° Un excellent

1. *Jacqueline*, édit. à Saint Lô.

portrait anonyme de l'amiral Lhermitte ; 10° Une toile représentant Moïse sauvé des eaux, par Stella ; 11° Un moulin, par Watelet ; 12° Au-dessus d'une porte, Satyres et Bacchantes, par Bichue, peintre coutançais ; 13° Au plafond de la deuxième salle, une fresque du XVII<sup>e</sup> siècle, représentant les trois vertus théologales : la foi, l'espérance et la charité ; 14° Une toile de Rosa de Tivoli (célèbre animalier de Francfort) ; 15° De belles gravures de Delaunay représentant les édifices religieux de la région ; 16° Des vues anglaises, coloriées, de Jersey ; 17° Une suite de gravures représentant les évêques de Coutances et les députés à l'Assemblée nationale de 1789 ; 18° Une reproduction en couleurs du célèbre tableau du siège de Granville par les Vendéens ; 19° Une carte de l'ancien diocèse de Coutances, par Mariette, datant du XVII<sup>e</sup> siècle ; 20° Il y a lieu d'admirer, en outre, une magnifique tête antique, en bronze, d'origine romaine, qui a été trouvée dans les fouilles pratiquées dans l'ancien village gallo-romain de *Vieux-en-Bessin* ; 21° Une maquette de l'artiste coutançais, Hulin, figurant le *Sommeil d'un enfant.* Cet artiste est l'auteur du monument de Tourville qui a été érigé place de la Cathédrale.

Ces diverses toiles, ainsi que les autres qui sont banales, ne sont malheureusement pas assez entretenues[1]. Il en est de même de la collection minéralogique et de la collection d'objets de l'époque de la pierre polie et

---

[1]. Ce n'est d'ailleurs, pas la faute du conservateur qui est lui-même, un peintre très distingué, mais le résultat d'un manque de crédits…. comme au musée d'ethnographie du Trocadéro.

de l'époque gallo-romaine (débris de tuiles vernissées,
pierres et bornes avec inscriptions romaines, médailles,
monnaies, vases, poids romains, etc... trouvés dans les
fouilles pratiquées à Coutances et dans les environs).
Ces objets devraient être classés et accompagnés d'éti-
quettes indicatrices. Or ce musée non seulement devrait
être entretenu mais encore pourrait être, très facilement
transformé en un charmant et instructiff petit musée de
province qui s'enrichirait chaque année. Il suffirait de
solliciter les collectionneurs et les artistes coutançais].

Le musée devrait être complété aussi par une salle
renfermant des spécimens de _tous les animaux sau-
vages que l'on rencontre dans la région ainsi que les
principaux coquillages et algues de nos côtes[1]. Il serait
indispensable, enfin, qu'il comprit une ou deux salles
renfermant les différents meubles et ustensiles anciens
que l'on peut encore trouver dans les campagnes et qui
seront dispersés d'ici peu. Il devrait y avoir également
une collection de vieilles coiffes de Coutances et des
environs, de vieux foulards, de vieilles robes de dro-
guet et de vieilles blouses. Il est évident, en effet, que
si ce Musée renfermait ces différents souvenirs locaux
et possédait même, une reconstitution d'un intérieur
normand, il attirerait, en foule, les visiteurs comme le
font les musées régionaux d'ethnographie de Honfleur,
de Bruges et de Strasbourg, etc... De semblables salles
seraient autrement intéressantes, parce que essentielle-
ment spéciales à Coutances, que la collection de tableaux

---

1. Comme au musée Emmanuel Liais, à Cherbourg.

dont les auteurs ne sont pas exclusivement Coutançais, qui fait, de ce musée, un musée quelconque, à l'instar de tous les musées des petites villes de province. Pour des Parisiens qui connaissent le Louvre et qui, ayant voyagé, ont visité des musées possédant des toiles de valeur, le musée de Coutances, qui ne renferme que quelques très rares toiles dignes d'intérêt, n'a pas d'attrait spécial, tandis qu'un musée local serait une curiosité de plus pour la ville. Or il serait facile, en percevant un léger droit d'entrée, comme à Honfleur, à Bruges et à Strasbourg, de se procurer des fonds qui serviraient à enrichir le musée de meubles et d'ustensiles locaux [1].

## JARDIN PUBLIC.

En contre-bas du musée se déploie le Jardin public qui est un des plus jolis Jardins publics que l'on puisse rencontrer dans une petite ville. Il possède, en effet, des terrasses, des charmilles, de beaux cèdres, des orangers et des massifs fort beaux. De la terrasse qui se trouve au bout du jardin, on a une très jolie vue sur le vallon de Bulsard et sur l'Aqueduc qui se trouve sur la route d'Agon. Au centre du Jardin public s'élève un obélisque en granit rappelant le nom du donateur de cette propriété, Quesnel-Morinière.

---

1. Actuellement le musée ne renferme qu'une seule armoire normande Louis XIV, d'ailleurs jolie.

## L'AQUEDUC.

Cet aqueduc s'élève sur la route d'Agon, dans la vallée
du Bulsard. Il est possible qu'il ait été construit sur
l'emplacement d'un ancien aqueduc romain, mais,
contrairement à la tradition, il n'a pas été édifié par les
Romains. Les travaux de M. Quenault ont établi que
cet aqueduc fut construit en 1232 par la riche famille
des Paisnel. Les arches furent construites en plein cintre.
Sur le contrefort de la seconde arche en ogive se trouvent

LES PILIERS.

les armes des Paisnel. Au XVIe siècle, les Protestants
détruisirent l'aqueduc en grande partie. On le recons-
truisit en 1595 ; les arches furent refaites en style ogival.

L'aqueduc avait seize arches, dont huit en plein cintre et huit à voûtes ogivales. Les arcades en ogive avaient 38 pieds de hauteur sous voûte. La hauteur totale était de 42 pieds. La longueur totale était de 760 pieds. Les eaux arrivaient dans le monastère des Dominicains et de là étaient conduites à l'Évêché, à la Cathédrale, dans le quartier Saint-Pierre et dans le quartier Saint-Nicolas. En 1760, faute d'entretien, plusieurs arcades s'étaient déjà écroulées. La dégradation s'est accentuée hélas, progressivement, et il ne reste actuellement que cinq arcades, et des débris de piliers.

## *LYCÉE.*

Le Lycée, qui a remplacé le vieux Collège, a été édifié sur l'emplacement de l'ancien séminaire du P. Eudes. Le Collège avait été fondé en 1499 par l'évêque Geoffroy-Herbert, augmenté et enrichi par de nombreuses libéralités de divers Coutançais. Le nombre des élèves alla jusqu'à 1.000. Ces Escholiers prirent part à diverses émeutes contre la gabelle et la taille. Le Collège disparut en 1793. Il rouvrit en 1801 et fut augmenté de nouveaux bâtiments. Un décret de 1853 transforma le Collège en Lycée. Il fut inauguré le 15 août de cette année par l'illustre astronome Leverrier. Depuis plusieurs années, ce Lycée, qui a de vastes bâtiments et une situation exceptionnelle, car il domine la promenade ornée de beaux arbres que l'on aperçoit en débouchant de la gare, est, malheureusement, quelque peu délaissé par les élèves à cause des écoles (d'agriculture et autres) qui ont été créés de tous côtés et qui auraient pu, cependant être logées dans ce bel établissement.

Le Lycée possède une chapelle, datant de 1562, qui ne présente pas grand intérêt au point de vue architectural.


## PALAIS DE JUSTICE.

Situé à côté de la gendarmerie, ce palais qui est lourd et sans caractère, est installé dans l'ancien couvent des Bénédictines de Notre-Dame des Anges. La construction du monument remonte à 1731. Le couvent avait des dépendances, aujourd'hui détruites, qui s'avançaient sur la place de la Croute, laquelle est située en contre-bas, et sert actuellement d'emplacement pour certaines foires à bestiaux. Le Palais de Justice contient le tribunal de première instance, la salle de la Cour d'assises (qui possède un magnifique Christ en ivoire), et la justice de paix. Tout auprès se trouvent les bureaux de la sous-préfecture.

Derrière le Palais de Justice s'élève la statue de Lebrun, œuvre du sculpteur Etex, qui fut inaugurée en 1847. Né à Saint-Sauveur-Lendelin, près Coutances, en 1739, Lebrun traduisit tout d'abord l'*Iliade* et la *Jérusalem délivrée*. En 1789, il devint membre de l'Assemblée constituante, puis administrateur du département de Seine-et-Oise. Sous le Directoire, il siégea dans le conseil des Anciens. A la suite du coup d'État du 18 brumaire, Bonaparte le nomma troisième consul de

la République, et disait quelque temps plus tard :
« J'étais bien jeune. Télémaque avait besoin d'un tu-
teur : je pris Lebrun ». Pendant l'Empire, il fut suc-
cessivement architrésorier, gouverneur de Gênes, puis
de la Hollande, puis grand-maître de l'Université. Il
mourut en 1826, membre de la Chambre des Pairs.

### *HOSPICE ET HOTEL-DIEU.*

Il fut fondé par Hugues de Morville en 1209. Les
religieux de l'Hôtel-Dieu étaient de l'Ordre hospitalier
du Saint-Esprit et de Saint-Étienne. Il ne reste rien des
anciens bâtiments d'Hugues de Morville. L'évêque
Geffroy-Herbert fit élever en 1640 une église dont il
demeure une tour flamboyante, très intéressante, qui
surmonte la salle des malades.

L'hospice actuel fut en partie établi dans des bâtiments construits par Monseigneur de Matignon en 1642.
En 1778, le D$^r$ Pierre-Étienne Quenault (1756-1834),
qui avait fait de brillantes études médicales à Paris,
sous la direction de son parent, l'illustre Vicq d'Azir,
et qui était lui-même un opérateur de grande valeur,
fut nommé chirurgien en chef de l'hospice de Coutances.
Il pratiqua l'opération de la cataracte avec un succès qui
lui amena des malades de toutes les villes de Normandie
et même d'ailleurs. Il professa, en outre, en 1789, à
l'hospice, un cours d'accouchement qui eut un grand
succès.

En 1847, on a ajouté à l'hospice un vaste bâtiment
pour les vieillards et les enfants.

## *HALLE AUX GRAINS.*

Faisait partie de l'ancien couvent des Capucins, qui fut fondé en 1616 par Jean Helouin et qui s'étendait sur la place de la Mission, la place Duhamel et le marché aux chevaux. Le couvent disparut à la Révolution. L'église fut alors allongée pour servir de halle. Depuis deux ans, cette halle qui était une curiosité de plus pour la ville, a été transformée en salle de cinématographe !

VIEILLE MAISON A TOURELLE.
Rue de la Poissonnerie, à Coutances.

*Cliché Neurdein.*

## *VIEILLES MAISONS.*

Maisons à tourelles du XVIe, rue du Perthuis-Trouard ; maison à tourelle, rue de la Poissonnerie ; deux vieilles maisons du XVe et XVIe, rue Geffroy-Herbert.

*****

Tels sont, brièvement étudiés, les beaux monuments et les quelques curiosités historiques qui font de

Coutances une ville pleine d'intérêt pour les visiteurs. Ajoutez à cela le cachet particulier de cette ville et sa situation charmante et l'on comprendra que cette cité pourrait attirer en foule les excursionnistes si l'on savait mettre en valeur toutes ses richesses et en ajouter, chaque jour, de nouvelles (promenades en canots automobiles sur le canal, de Coutances jusqu'à Regneville, musée d'ethnographie, statue des Tancrèdes, etc.).

## II

# ENVIRONS DE COUTANCES



Toutes les localités de l'arrondissement de Coutances mériteraient une description, soit en raison des événements historiques auxquelles elles ont été mêlées, soit en raison des églises, des manoirs, ou autres curiosités qu'elles possèdent. Je me contenterai de décrire brièvement ici, les principaux monuments historiques qui méritent d'être visités, lorsque l'on peut disposer de quelques jours. Les voici, classés par ordre alphabétique :

## *ABBAYE DE BLANCHELANDE* [1].

A trois kilomètres environ de La Haye-du-Puits, se trouvait l'abbaye de Blanchelande. Elle fut fondée en août 1155, par Richard de la Haye, sénéchal de Henri I<sup>er</sup>, duc de Normandie et roi d'Angleterre, et par

1. Cette abbaye et la lande de Lessay sont les deux endroits où se déroulent tous les événements de *l'Ensorcelée*, le magnifique roman de Barbey d'Aurevilly.

sa femme, Mathilde de Vernon-Reviers, pour les Prémontrés. Les premiers moines vinrent du prieuré de Brocquebœuf, récemment fondé dans le voisinage. Quelques années plus tard, l'abbaye contenait déjà 30 religieux. Richard et Mathilde furent inhumés dans l'église. Lorsque Hugues de Morville fonda l'hospice de Coutances, les moines de Blanchelande lui abandonnèrent une rente de 10 boisseaux de froment. En 1562, l'abbaye devint établissement de commende. Le premier abbé commendataire fut François de Bouilllers. Il eut le tiers des revenus et la jouissance d'un logis ; le second tiers était réservé pour l'entretien des bâtiments ; le dernier tiers, sous le nom de mense ou pitance, était réservé aux moines. En 1587, l'abbaye fut pillée et incendiée par les Protestants et les titres brûlés. Le dernier abbé, Ange de Talaru de Chalmazel, évêque de Coutances, obtint l'abbaye en 1765. Lors de la Révolution, il n'y avait plus à Blanchelande que 4 religieux et un prieur. L'église fut abattue. Actuellement, il ne reste plus du monastère que son grand portail qui est en retrait et qui comporte une grande et une petite porte ogivales. Sur le côté droit de l'avenue qui aboutit à ce portail se trouvent des vieux bâtiments qui étaient des dépendances de l'abbaye et qui, maintenant, servent de ferme. L'église de l'abbaye a été démolie. Sur l'emplacement de l'ancienne cour carrée du monastère se trouve un élégant bâtiment abbatial. Devant celui-ci se trouve un bel étang. Ce pavillon et ses dépendances sont occupés actuellement par les Dames auxiliatrices. Celles-ci, en pratiquant des fouilles sur l'emplacement de l'ancien monastère, ont mis à jour une statue de pierre représentant une femme [grandeur naturelle] et un petit groupe religieux également en pierre. Ces deux curiosités se trouvent dans la pièce qui précède la chapelle actuelle laquelle occupe l'ancienne salle du chapitre du monastère. Cette salle voûtée a des arceaux qui retombent sur une rangée médiane de colonnes. Il est à noter enfin qu'une autre statue provenant de l'abbaye se trouve au musée de Saint-Lo et que deux groupes de trois stalles chacun (XVᵉ siècle) ornent les chapelles du transept de l'église de Lessay.

## CHATEAU DE CHANTELOUP.

Se trouve dans le canton de Bréhal, à 4 kilomètres de Cérences. Il est entouré de fossés pleines d'eau et muni d'un pont-levis avec herse. Il existe encore une des tours d'enceinte ; les autres ont été détruites. Ce château, qui fut l'un des plus importants du pays, fut construit par un seigneur de Canteleu. Plusieurs seigneurs de Chanteloup accompagnèrent Robert le Magnifique dans sa croisade. A la fin du XIIIᵉ siècle, Agnès de Chanteloup ayant épousé Foulques Paisnel, cette dernière famille posséda le château. Puis le mariage de Jeanne Paisnel avec le vaillant Louis d'Estouteville [qui défendit le Mont Saint-Michel contre les Anglais], fit passer le château dans la maison des d'Estouteville. Jeanne Paisnel participa bravement à la défense du Mont. Pendant la guerre de Cent Ans, les Anglais ayant pris le

château de Chanteloup, le roi d'Angleterre le donna
à un seigneur anglais, Edmond Roseor, et chargea le
comte de Suffolk de raser les murailles, ce qui ne fut pas
exécuté. Sous Charles VII, le château revint à Louis
d'Estouteville. Vers 1516, Antoine d'Estouteville et sa
femme Isabeau de Carbonnel firent construire à côté
du château la maison de plaisance que l'on voit encore.
Plus tard, le château appartint aux Montgommery.
En 1594, le gouverneur, Nicolas Fortin, soutint un siège
de plusieurs mois contre les ligueurs. Pour le récompen-
ser, Henri IV lui donna des lettres de noblesse. Actuellement, un pavillon carré, flanqué de deux tours rondes
donne accès dans la cour d'honneur, où se voient, à
droite, les ruines de l'ancien donjon, dernier et seul ves-
tige de l'ancien château-fort. Le bâtiment Renaissance
qui se trouve dans le fond de la cour, est constitué par
un bâtiment principal complété par un plus petit, à
droite. Dans l'angle se dresse une tour carrée. Les portes
et les fenêtres du bâtiment principal sont adornées de
pilastres corinthiens ; entre ceux-ci sont sculptés des
rinceaux et des arabesques. Dans un des losanges se
voient les initiales d'Antoine et d'Isabeau qui construi-
sirent l'édifice. A gauche s'ouvre une porte ornée de deux
pilastres. L'entablement, chargé de deux enroulements,
est surmonté d'une petite fenêtre à pilastres, ornée de
multiples sculptures. Les portes du petit bâtiment
et de la tour sont couvertes d'un arc cintré accompagné
de deux candélabres situés à l'aplomb des pilastres.
Il faut noter que tous ces bâtiments sont en granit,
pierre très difficile à sculpter. La sculpture des orne-

CHATEAU DE CHANTELOUP.

*D'après une eau-forte de F. Sadoux.*

ments n'en est que plus remarquable. Dans la cour se
trouvent deux canons que les Vendéens jetèrent dans
le port de Granville lorsqu'ils battirent en retraite.
Le château contient des peintures et des tapisseries
et de belles cheminées de granit. La chapelle a été
transformée en bibliothèque.

## COUTAINVILLE.

Le château de Coutainville (XVIᵉ), placé sur une
petite hauteur, à quelque distance de la mer, jouit
d'une très belle vue. C'est plutôt un manoir-château
qu'un château à proprement parler. L'ensemble, fort
élégant, tombe en ruines faute d'être entretenu. La
grande et la petite porte cintrées, par lesquelles on
pénètre dans la cour, les bâtiments des serviteurs,
le petit corps de garde, la tourelle isolée, le corps principal
du château, ont l'aspect caractéristique des petits châ-
teaux de Basse-Normandie. La chapelle qui datait du
XVᵉ siècle vient d'être abattue parce qu'elle gênait la
circulation ! Ce château a appartenu à la famille de Costentin à laquelle se rattache le maréchal de Tourville.

Auprès de ce château se trouve la petite station bal-
néaire de Coutainville, qui se développe beaucoup
depuis quelques années. Plage de sable, sans danger,
Coutainville est protégée, depuis quelque temps, par
une digue destinée à mettre les villas à l'abri des hautes
marées. L'extrémité droite de la plage de Coutainville
touche presque à la petite plage de Blainville où l'on
ne trouve que des baraques de baigneurs. Cette dernière

plage est hérissée de rochers où l'on peut pêcher la crevette rouge et divers crustacés. Le village de Blainville, qui se trouve à quelque distance de la mer, est appelé village des Libraires, parce qu'il abrite pendant l'été, une colonie d'éditeurs et de libraires de Paris dont plusieurs sont originaires de ce pays. Blainville a une église du XV$^e$ siècle avec clocher du XII$^e$ remanié au XV$^e$. A côté de Blainville on rencontre le hameau de Gonne-

ENVIRONS DE COUTAINVILLE. LE MANOIR DE GONNEVILLE.

Petit manoir de Gonneville. Au bout de l'avenue et à droite se trouve une petite chapelle de pélerinage. Une des entrées du manoir se trouve à côté de la tourelle et il faut traverser la petite mare pour y parvenir.

ville qui possède un manoir du XVI$^e$ et une chapelle du XV$^e$ qui est un but de pélerinage (chapelle de Phillebecq).

## CHÂTEAU DE GRATOT.

Se trouve sur la route de Coutances à Saint-Malo-
de-la-Lande et Blainville, à 5 kilomètres de Coutances.
La seigneurie de Gratot a appartenu à des familles
puissantes qui participèrent à la conquête de l'Angleterre. Clarembard de Gratot fut l'un des fondateurs de
l'abbaye de Lessay. Du XIII^e à la moitié du XVIII^e,
le château de Gratot appartint à la puissante famille
d'Argouges. Un des membres de cette famille fit rebâtir,
sous la Renaissance, le château actuel. Le cri de guerre
du seigneur d'Argouges était « A la fée ». Ils portaient
une fée dans leurs armoiries parceque la légende voulait
qu'une fée veillait aux destinées du château et de ses
occupants. On montrait encore, il y a quelques années
(lorsque l'on visitait le château) sur une fenêtre, l'em-
preinte du pied de la fée lorsqu'elle quitta le manoir
qu'elle protégeait. Le château actuel est composé
d'une avant-cour, de larges fosses pleines d'eau, et d'un
pont-levis avec herse qui empêchait l'accès dans la cour
intérieure. On entre dans cette cour par un pavillon
carré percé de deux portes : une grande pour les voi-
tures et une petite pour les piétons. De chaque côté
de ce pavillon s'étend un long bâtiment. Celui de
gauche se termine par une ancienne tour d'angle
carrée. Au fond de la cour s'élève le château composé
de deux bâtiments placés en équerre. Celui de face,
qui est le plus important, est précédé d'un escalier.
Il est formé d'un très haut rez-de-chaussée, surélevé

Château de Gratot.

Cliché Neurdein.

de 4 fenêtres. Contre la façade se dresse une petite tour ronde flanquée d'une tourelle. Au-dessus des fenêtres se trouve le toit, percé de lucarnes munies de frontons. Le bâtiment de gauche n'a qu'une fenêtre. A droite du bâtiment principal, isolé de lui, s'élève une très élégante et haute tour octogonale, couronnée d'un étage carré, porté sur quatre trompes. Au-dessus se trouve un pignon orné de choux frisés sur les remparts. Tout près du château, on aperçoit l'église qui est des XV<sup>e</sup> et XVI<sup>e</sup>. Le clocher, assez haut, est des XIII<sup>e</sup> et XIV<sup>e</sup>. Le porche est orné de quatre feuilles. Au-dessus de l'entrée se trouve uns statue de sainte Barbe. Les fonts baptismaux, du XV<sup>e</sup>, sont octogonaux et reposent sur cinq colonnes. Chaque face est ornée de deux arcatures tréflées. L'église contient les pierres tombales des seigneurs d'Argouges et de Gratot. La plupart sont du XV<sup>e</sup> et du XVI<sup>e</sup>. Beaucoup sont mutilées, mais on peut lire encore quelques noms.

Le château de Gratot est un petit château d'une rare élégance. Comme il n'est pas entretenu, les toitures commencent à s'effondrer, les murs s'effritent, les portes et les fenêtres sont ouvertes à tout venant, le fossé se comble. Si ces fossés étaient curés, les bâtiments restaurés et meublés de vieux meubles normands, ce monument historique serait une petite merveille, d'autant qu'on y arrive par une avenue charmante plantée d'arbres séculaires au milieu desquels se trouve, à gauche, la petite église seigneuriale.

## BOURG DE HAMBYE.

Ce bourg était dominé par un château-fort qui avait été édifié par les Paynel. Quelques détails sur cette famille sont nécessaires pour comprendre l'histoire de ce château et de l'abbaye.

La famille des Paynel ou Paisnel ou Pesnel était une très puissante famille de Normandie et d'Angleterre. Raoul et Guillaume Paynel prirent part à la conquête de l'Angleterre. Pour prix de leurs services, ils reçurent un grand nombre de domaines dont plus de 45 seigneuries dans le comté d'York. Dans le Cotentin, la famille reçut, avec Hambye, les seigneuries d'Agon, d'Ouville, de Regnéville, de Hauteville, de Lingreville, de Chanteloup, de Bricqueville-les-Salines, de La Haye-Pesnel, de Percy, Moyon, Agneaux et autres lieux. Les descendants des Paisnel furent toujours réputés parmi les meilleurs et les plus puissants chevaliers normands. Au xi$^e$ siècle, les Paisnel édifièrent le château-fort de Hambye.

En 1145, un Guillaume Paynel fonda l'abbaye de Hambye.

En 1362, le château de Hambye fut pris par les Anglais et les Navarrais qui, dès lors, rançonnèrent les environs.

A cette époque, un Guillaume Pesnel épousa Jeanne Bertrand, de la puissante famille de Briquebec.

En 1415, Jeanne Paynel, seule héritière des biens de la famille, épousa, nous l'avons déjà dit, Louis d'Estouteville qui, avec 119 braves chevaliers, défendit le Mont Saint-Michel contre les Anglais et conserva cette place à la France. Pendant ce temps, les Anglais lui prenaient son château de Hambye, son château de Chanteloup et s'emparaient de Coutances dont un Nicolle Paynel était le gouverneur. Après la bataille de Formigny, Charles VII rendit tous ses domaines à Louis d'Estouteville. Ce seigneur et Jeanne Paisnel furent inhumés au milieu du chœur de l'abbaye de Hambye. Par la suite, la baronnie de Hambye passa, par mariage, dans les mains de François de Bourbon, puis dans celles de Léonor d'Orléans, duc de Longueville, et enfin en 1725, dans celles des Matignon de Torigny qui, vers la fin du règne de Louis XIV, changèrent leur nom pour celui de Grimaldi et qui, ultérieurement, après un mariage, prirent le nom, les armes et le titre de princes de Monaco, ducs de Valentinois.

## *CHATEAU DE HAMBYE.*

Il dominait le bourg et la vallée de la *Sienne*. Il avait une vue superbe. Il n'en reste que quelques ruines et des tronçons de murailles couvertes de lierre. Les pierres du château ont servi à bâtir des maisons du bourg.

## *ABBAYE DE HAMBYE.*

Située à 4 kil. du bourg, dans un site charmant, elle fut fondé en 1145 par Guillaume Pesnel et occupée par

Intérieur de l'église de l'abbaye de Hambye.

*Cliché Charles Chauvel.*

des Bénédictins de l'ordre de S. Benoist. Plusieurs
papes accordèrent à cette abbaye des privilèges et des
immunités. Des rois, des seigneurs des environs lui
firent des dons considérables. Quarante abbés ont gou-
verné l'abbaye depuis sa fondation jusqu'en 1789.
Les richesses de cette abbaye tentèrent bien des rois
et des seigneurs. Aussi, pour en profiter, ou en faire
profiter leurs protégés, les rois nommèrent-ils, à partir
de 1559, des abbés commendataires qui jouissaient,
pendant leur vie, du tiers des revenus de l'abbaye.
François de Lautrec fut le premier abbé *commendataire*
(1559). Deux ans plus tard, Jean de Tourlaville, âgé
de 12 ans, fut nommé par Charles IX, abbé commendataire de cette même abbaye. Un de ses successeurs
fut le cardinal de Richelieu, frère du ministre de
Louis XIII. En 1789, l'abbaye ne possédait plus de
moines ; des prêtres séculiers y célébraient l'office et y
acquittaient les fondations. Par la suite, non entretenue,
l'abbaye tomba progressivement en ruines. Elle est,
depuis peu, classée comme monument historique.
Avant cette décision et pendant de longues années,
elle a été abîmée par les visiteurs. Actuellement, on
pénètre dans l'abbaye par un portail percé de deux portes
une grande et une petite. Dans un plan, où poussent
des pommiers, s'élèvent les ruines de l'église qui sont
fort imposantes. L'église comprenait une nef et deux
bas-côtés, un transept et un chœur entouré de cinq
chapelles. Le chœur est un spécimen très beau du plus
ancien style ogival normand. Les voûtes se sont effon-
drées, mais les colonnes et quelques arcades persistent

L'ABSIDE DE L'ABBAYE DE HAMBYE.

*Cliché Haverun.*

encore. Ces colonnes monocylindriques sont splendides de simplicité et de hardiesse. Elles ont des chapiteaux gracieusement sculptés. Les petites colonnes des chapelles sont également sculptées. Il ne reste presque plus rien du clocher qui se trouve à la croisée des nefs. Un grand nombre de personnages de la famille des Paisnel sont inhumés dans l'église. Ils devraient faire l'objet de fouilles. La pierre du tombeau de Louis d'Estouteville et de Jeanne Paisnel, son épouse, qui avaient restauré l'église, se trouve, dit-on, au seuil du moulin de l'abbaye.

Il y a quelque quinze ans, j'ai trouvé, parmi l'amoncellement de pierres qui jonchaient le sol de l'église, quelques débris de carreaux émaillés, à reflets métalliques. Ces carreaux ont des dessins blanc jaunâtre sur fond rouge (teinte rouille). Ils devaient former le pavage de certaines chapelles. La présence et l'origine de ces carreaux n'ont jamais été signalées. Malgré de multiples recherches, je n'avais pu réussir, jusqu'au printemps de 1920, à savoir où avaient été fabriqués ces carreaux. En mai 1920, j'ai pu me procurer quelques carreaux[1] provenant de la démolition d'une vieille chapelle des environs de Lisieux qui m'ont permis d'identifier les carreaux de Hambye, car ils sont faits avec la même terre et avec les mêmes procédés de fabrication. Ils comportent, eux aussi, des dessins blanc-jaunâtre sur fond rouge, couleur naturelle de la terre cuite avec laquelle ces carreaux sont faits. Ils pro-

---

1. Je les ai reproduits, classés et étudiés particulièrement dans : *La Normandie ancestrale*.

viennent des anciennes poteries du Pré d'Auge, aux
environs de Lisieux. Ces poteries, qui eurent leur maxi-
mum d'activité du XIIIe au XVIIe siècle, fabriquaient,

ENTRÉE DE LA SALLE CAPITULAIRE DE L'ABBAYE DE HAMBYE.

*Cliché Pascaud.*

outre divers modèles de carreaux, de remarquables
*épis de faitage*, en terre cuite émaillée, qui rivalisaient
de perfection avec les faïences de Bernard Palissy [1],
et qui couronnaient le faîte des manoirs et des maisons
et le toit des lucarnes dans toute la vallée d'Auge.
Les plus beaux échantillons de ces carreaux et épis
se trouvent exposés dans le musée ethnographique d'Honfleur. C'est donc du Pré d'Auge, que les Bénédictins
d'Hambye firent venir les carreaux destinés à l'abbaye [2].

1. (Et les ont précédées, ce qui est communément ignoré).
2. Je rappelle que les carreaux des chapelles du bas-côté gauche de la cathédrale proviennent, certainement, de la même origine.

Les bâtiments du monastère sont contigus à l'église.
La salle du chapitre est bien conservée elle est voûtée

Intérieur de la salle capitulaire de l'abbaye de Hambye.
*Cliché Stephen Chauvet.*

et divisée en deux par un rang de colonnes basses.
C'est un rare et beau spécimen de l'architecture ogivale (voir fig. o). Au plafond, on aperçoit encore quelques traces de fresques. Près de cette salle capitulaire

se trouve la salle des morts dont la voûte a toutes ses retombées qui portent sur un seul pilier central. La cuisine, occupée par un fermier, offre la même disposition. Au premier étage se trouve encore une cheminée dont le trumeau est orné d'anges au milieu d'un cep chargé de grappes. Les granges et les écuries, pourvues de portes romanes, existent encore.

## LA HAYE-DU-PUITS.

C'était le siège d'une des baronnies les plus puissantes de Normandie. C'est actuellement le chef-lieu, du canton le plus vaste de l'arrondissement de Coutances. La Haye-du-Puits possède le donjon de l'ancien château-fort, bâti sur une éminence au XIe siècle, par Torstin Haldup, baron de La Haye-du-Puits, qui fonda l'abbaye de Lessay. Ce donjon est couvert de lierre. A droite de la route, se dresse, près d'un étang, un château moins ancien, avec une tour carrée flanquée d'une tourelle à pans, qui a conservé une porte cintrée de la Renaissance, accompagnée de deux pilastres cannelés, portant une frise et un fronton. Le reste du château a été presque entièrement détruit au début du siècle dernier. Quelques bâtiments, qui en faisaient partie et subsistent encore, servent de locaux de ferme.

L'église, relativement moderne, a le style du XIIIe, et comporte deux tours. Elle est polychromée. Elle renferme dans la chapelle formant le croisillon gauche un tombeau du XVIe qui y a été transporté. C'est celui d'Arthur de Magneville. Il est en marbre noir, orné de

cinq arceaux qui abritent autant de petites statues de
pierre. Au-dessus du tombeau se trouve un dais de
pierre supporté par des colonnes également en pierre.

*N. B.* [*Pour les excursionnistes.*] — A 3 kil. de La Haye-du-
Puits, se trouvent les restes de l'abbaye de Blanchelande
ci-dessus décrits.


## LESSAY.

Chef-lieu de canton et siège d'une foire très impor-
tante qui se tient chaque année, les 12, 13 et 14 septembre, au milieu de la lande. Lessay présente à visiter
les restes d'une ancienne abbaye qui fut fondée en 1060
par Richard Turstin, seigneur de La Haye-du-Puits,
à l'usage des Bénédictins qu'il y appela. Le fils de
Richard Turstin, vicomte du Cotentin, qui a sa sépulture dans l'église, combla le monastère de ses dons.
La basilique, ravagée pendant la guerre de Cent Ans,
fut réparée, de la fin du XV<sup>e</sup> au milieu du XVI<sup>e</sup> siècle.

Comme la plupart des églises romanes de Normandie,
cette basilique, qui est un des plus purs exemplaires du
style roman, a la forme d'une croix. A la croisée des
nefs, s'élève une tour carrée d'un seul étage, percée, sur
chaque face, par quatre baies accolées, en plein cintre.
Cette tour est recouverte d'un dôme du XVII<sup>e</sup> surmonté,
lui-même, d'un lanternon. Ces deux parties sont recouvertes d'ardoises. Le portail, quoique endommagé,
est curieux. On pénètre dans l'église par la porte latérale sud, qui est surmontée d'une statue de pierre du XIV<sup>e</sup>,

INTÉRIEUR DE LA BASILIQUE DE LESSAY.

*D'après une ancienne gravure de F. Benoist.*

en voie d'effritement. Il y avait, au bas du transept, deux petites absides dont celle de droite subsiste seule. L'intérieur de cette petite basilique est splendide en raison de sa robustesse harmonieuse, de son aspect sobre et sévère qui est caractéristique des constructions romanes et du ton général des pierres patinées par le temps. La nef, qui est vaste, comporte, au-dessus des grands arceaux cintrés, un triforium. Les arceaux des voûtes datent de la fin du XIIᵉ. Le chœur a deux étages de fenêtres. En haut des deux bas-côtés de la nef, dans les chapelles du transept, se trouve, de chaque côté, un groupe de trois stalles de bois, du XIVᵉ provenant de l'abbaye de Blanche-Lande. Sur les côtés de ces stalles se trouvent des petites statues, sculptées en plein bois, représentant des abbés et abbesses. Ces stalles ne sont malheureusement pas entretenues et se détériorent progressivement. La chaire est assez dans l'esprit de l'église. Au bas du collatéral gauche se trouvent des statuettes du XIVᵉ et les débris d'un tombeau. Cette remarquable basilique, dont l'aspect intérieur est, à la fois sobre et imposant, est, malheureusement, ornée de quelques statues de plâtre polychromes et de chaque côté du transept, d'autels modernes. Ces derniers auraient pu être, très avantageusement remplacés par des autels de pierres, analogues à ceux que Mgr l'évêque de Coutances a fait construire dans le déambulatoire de la cathédrale, et qui cadrent si bien avec l'ambiance.

Des bâtiments de l'abbaye, qui ont été rebâtis au XVIIᵉ siècle, il ne subsiste qu'un corps de bâtiment

qui se trouve sur le côté gauche de l'église et qui a vue
sur une petite pièce d'eau et sur le pays avoisinant.

Auprès de la petite ville de Lessay se trouve la lande
si bien décrite par Barbey d'Aurevilly et chantée par
L. Beuve, où se tient la foire chaque année. Tout ce qui
est relatif aux origines de cette foire, à son aspect, à ses
caractéristiques, à ses usages et coutumes se trouve
exposé, en détail, par ailleurs [1].


*ORVAL.*


Le petit bourg d'Orval qui fait partie du canton de
Montmartin-sur-Mer, se trouve à 4 kil. de Coutances.
Il possède un vieux pont et une église curieuse. Le pont,
en dos d'âne, tout en pierre, et surmonté d'une croix
au milieu du parapet, remonte à une haute antiquité.
Il fut réparé au XVe siècle. L'église est romane et a été
bâtie entre 1200 et 1225. Les murs de la nef sont construits en arêtes de poisson. La tour est de style roman.
Le chœur, par contre, est gothique. Le maître-autel,
formant tombeau, est intéressant et présente d'élé-
gantes guirlandes dorées. Cet autel daterait de Louis XI.
Sous le chœur et le soutenant, se trouve une crypte,
datant du Xe ou XIe siècle, qui renferme un ancien
baptistère roman ; cette crypte est divisée en deux par-

1. Stéphen Chauvet. *La Normandie ancestrale* (Caractères ethniques des Normands ; vieux usages et vieilles coutumes ; foires et assemblées ; manoirs et
fermes normandes ; vieux costumes et bijoux anciens ; meubles normands
[coffres, armoires, horloges, vaisseliers, fontaines, etc...] ; vieilles poteries,
vieux étains et cuivres ; patois normand, etc.). Très nombreuses illustrations.
Boisvin, éditeur. Paris. 1921 (12°).

ties par un mur construit en arêtes de poisson. La première partie de la crypte servait de chapelle ; on y célébrait la messe. Elle aurait servi également, dit-on, d'école de garçons. Pour entrer dans la seconde partie de la crypte, il faut passer par un escalier situé à l'est près du chevet de l'église. Cette partie a dû servir de sépulture, soit aux religieux du prieuré d'Orval (qui dépendait de l'abbaye de Lessay), soit aux prêtres ou habitants de la paroisse.

## PIROU.

Petit bourg du canton de Lessay, Pirou possède un très vieux château, assez bien conservé, qui remonte à l'époque des premiers ducs normands. C'était, au début, un ouvrage de défense, de style roman, très puissant. Il avait trois enceintes, toutes trois défendues par des fossés intercalaires pleins d'eau. Les murs étaient très épais. Le donjon et le château étaient d'un abord difficile et susceptibles de résister longtemps. Les seigneurs de Pirou lui firent subir des remaniements destinés à le rendre plus confortable comme séjour. Les toits sont très curieux, du fait de leur bizarre enchevêtrement. Ce château, abandonné, et qui se détériore progressivement, fut pris en 1418 par les Anglais qui le gardèrent jusqu'en 1449. Ils y abandonnèrent deux petits canons dont l'un, long de 50 centimètres, était muni d'une fermeture à charnière et se chargeait peut-être par la culasse. — A l'extérieur de l'église de Pirou se trouve une belle « pieta » en pierre.

RUINES DU CHATEAU DE REGNEVILLE.

*Cliché Pascaud.*

## *REGNÉVILLE.*

Petit port de mer de 1.500 habitants, rattaché au canton de Montmartin-sur-Mer, Regnéville possède les ruines d'un château du XIIe siècle. Elles consistent en deux murs fort épais et si solides qu'un énorme pan de murailles reste suspendu en l'air sans aucun appui. Le donjon, haut de 60 pieds, avait, lui aussi, des murs très épais. Il était de forme carrée et comprenait 4 étages. On aperçoit encore par places, les restes de l'escalier. Ce château appartint, à l'origine, aux Paisnel ; puis il revint à Philippe-Auguste. Par la suite, Charles le Mauvais s'en empara et le fortifia beaucoup. Charles V s'en rendit maître néanmoins, mais le remit au fils de Charles le Mauvais. Plus tard, les fortifications furent détruites. Les Anglais les reconstruisirent et occupèrent le château pendant la guerre de Cent Ans. Ils ne l'évacuèrent qu'en 1449. Au XVIe siècle, la seigneurie passa, par mariage, dans la famille de Piennes. Le château fut détruit quelque temps plus tard. Outre le donjon, il subsista quelques bâtiments. L'un d'eux, transformé en maison d'habitation, fut occupé par Sarah Félix, sœur de la tragédienne Rachel. Ce fut elle qui créa, à Regnéville, les parcs à huîtres qu'on laisse tomber en ruines depuis quelques années. Regnéville possède encore une église du XIVe siècle, munie d'un curieux clocher massif à deux étages ; le second, octogonal, est en retrait. Regnéville a un petit port et quelques bateaux qui portent en Bretagne de la pierre à chaux et

à Jersey des pommes de terre et des grains. Quelques
bateaux se livrent aussi à la pêche.

## CHAPELLE DE LA ROQUELLE.

À 1 kilomètre de la gare de Coutances, sur la route de
Courcy, se trouve, sur un mamelon, parmi les sapins,
la chapelle de la Roquelle.

Cette chapelle qui a été édifiée sur un très ancien lieu
de pèlerinage (en 1200, Vivien, évêque de Coutances,
fit élever un calvaire en ce lieu) est, depuis 50 ans
environ, fermée au culte. Elle ne présente aucun intérêt
architectural. Mais, de son emplacement, on jouit d'une
jolie vue sur Coutances et l'abside de la cathédrale, et
sur le pays environnant.

## ÉGLISE DE SAVIGNY.

Situé à 5 kil. avant Cametours, sur la route de Coutances à Saint-Lo, le petit village de Savigny possède
une église qui est la plus remarquable de toute la région[1].
Elle remonte à l'époque romane et fut bâtie entre 1107
et 1128, du vivant de Touroude, moine venu du prieuré
de Sainte-Barbe-en-Auge, près de Mézidon, ainsi qu'en
témoigne une inscription gravée à l'intérieur de l'église.
Les murs de cette église sont construits en arête de

[1]. Cette église, d'un grand intérêt, n'a été signalée jusqu'à présent dans
aucun guide. Un certain nombre de documents contenus dans la brève description que j'en donne, m'ont été communiqués, aimablement, par M. J. Quesnel
qui les a glanés dans une plaquette écrite, il y a de nombreuses années, par
M. l'abbé Lemasson.

poisson et munis de contreforts, peu importants.
Ils sont ornés de modillons bizarres et de motifs très
variés représentant : Saint Ortaire (?), deux évêques
élevant ensemble le calice et l'hostie, des palmettes,
des épées, des soupières, des cuillers, le petit tonnelet

*Cliché Stephen Chauvel.*

que certains moissonneurs utilisent encore et enfin
des animaux grotesques. Primitivement, cette église
ne comportait que le sanctuaire, le chœur et la nef.
Le sanctuaire commençait à la première arcade qui est
garnie d'un triple zig-zag ; l'autel était sous la deuxième
arcade ; l'abside, arrondie, se terminait par une jolie
fenêtre romane entourée de zig-zags ; de chaque côté
se trouvaient deux niches moins ornées. La fenêtre du

fond est cachée par le rétable actuel. Le chœur a une
voûte en pierre, comme le sanctuaire, qui est renforcé
par des grands arcs sculptés d'ornements géométriques.
Il est éclairé par une petite fenêtre cintrée; sur son
archivolte se voit une scène de chasse. L'espace situé
entre cette fenêtre unique qui éclaire le chœur et le
haut de l'arcade est occupé par un Christ assis, en bas-
relief. On pénétrait dans le chœur par deux portes
situées l'une au nord, destinée à l'usage du seigneur
et de sa famille, l'autre au midi, réservée à l'usage du
clergé. Il y avait du côté nord, une tour qui existe
encore actuellement. La nef, sans voûte, est traversée
de poutres. Elle est éclairée par six petites fenêtres
cintrées, courtes et étroites (3 pieds de haut et 6 pieds
de large). On entrait dans la nef par un petit portail,
très simple, mais fort pittoresque, situé au couchant.
Ce portail était réservé aux paroissiens. La chapelle
du nord, dédiée à sainte Barbe, fut construite en 1515,
aux frais de tous les paroissiens. Elle occupe le bas de
la tour actuelle qui fut achevée on ne sait trop à quelle
époque. Le mur méridional fut percé en 1523 d'une
fenêtre à ogive assez belle (un meneau, une rosace).
En 1693, les autels de la nef, furent restaurés et enrichis
des rétables à colonnes qui existent encore aujourd'hui.
Actuellement, on peut admirer dans le chœur plusieurs
fresques[1] qui représentent la vie et le martyre de sainte

1. Ces fresques ont, peut-être, été exécutées à la même époque que celles que
j'ai découvertes en août 1920, dans deux petites pièces situées dans la tour de
l'église d'Omonville-la-Rogue. Ces dernières fresques étaient recouvertes par
plusieurs couches d'enduit à la chaux. Celles de Savigny disparaissaient sous
du plâtras qui a été enlevé par M. l'abbé Joubin.

Barbe (fig. 17). Après le déblaiement des niches, il y a
quelques trente ans environ, il n'y avait des lambeaux
de fresques que dans les deux niches situées à droite
de la fenêtre cintrée (actuellement obstruée) et dans
la niche située à côté d'elle, à gauche. Ces fresques
ont malheureusement été restaurées [avec reconstitution (?) complète des sujets] il y a quelques années,
par un des curés de Savigny, Ce dernier commit même
l'erreur de faire peindre tout un sujet dans la première niche à partir de la gauche, alors qu'il n'y avait
aucune trace de fresque qui put servir de guide pour
cette composition ! Sur le mur gauche de la nef se
trouve également une vieille fresque du XIIIe siècle,
représentant la Cène. Cette fresque est malheureusement en partie cachée, par un affreux tableau moderne qui pend au-devant d'elle.

# HOMMES CÉLÈBRES DE COUTANCES
## ET DES ENVIRONS

La liste à peu près complète des Normands, nés à Coutances et dans les environs, qui ont acquis soit la célébrité, soit la notoriété, se trouve dans l'ouvrage de M. Léopold Quenault *(Recherches historiques et archéologiques sur la Basse-Normandie, le Vivarais et le pays Chartrain)*. Je me contenterai, ici, de rappeler les principaux de ces hommes par ordre alphabétique. Cependant, en raison de leur célébrité mondiale, je donnerai, en terminant, une brève étude sur les Tancrède de Hauteville-la-Guichard, par M. Léon Gosset. Qu'il me soit permis de regretter, en passant, que les héros d'une épopée aussi fabuleuse, n'aient ni à Hauteville, ni à Coutances, leur monument commémoratif.

ANDRÉ, de Coutances, trouvère célèbre du XIIe siècle.

BROHON (Jean), célèbre médecin, né à Coutances en 1570 ; auteur de plusieurs ouvrages de médecine.

COSTENTIN DE TOURVILLE, né à Tourville en 1642, mort en 1701 ; maréchal et amiral de France. Acquit une gloire impérissable dans la bataille de la Hougue.

DUCHEVREUIL (Jacques), célèbre professeur de philosophie, proviseur du collège d'Harcourt (Lycée

Saint-Louis), recteur de l'Université de Paris.
Né à Coutances au début du xviie siècle.

CLOUET, savant mathématicien, géographe et minéralogiste, professeur et bibliothécaire à l'École des
Mines de Paris.

DE GOURMONT (Rémy), illustre psychologue et philosophe contemporain. Né en 1858 d'un père Coutançais et d'une mère originaire de l'Orne (où il est né,
à Bazoches-en-Houlme). Décédé en sept. 1915.
Auteur de : *Sixtine* (1890) ; les *Chevaux de Diomède* ;
le *Songe d'une femme* ; un *Cœur virginal* ; la *Cul-
ture des Idées* ; le *Physique de l'Amour* ; les *Promenades philosophiques et littéraires* ; la *Petite Ville* ;
etc. Sa bibliographie complète a paru dans: *Pendant
l'orage* (édité, après sa mort, au *Mercure de France*).

DUHAMEL-GUILLOT, né à Nicorps, près Coutances,
en 1730, mort en 1816. Célèbre minéralogiste, membre
de l'Institut.

LE CHEVALIER, astronome et explorateur célèbre,
auteur des voyages illustrés de la Troade et de la
Propontide, né à Trelly, près Coutances, en 1772 ;
mort en 1835.

LE GENTIL DE LA GALAISIÈRE, astronome célèbre
du xviiie siècle, auteur d'un voyage scientifique aux
Indes et de mémoires astronomiques remarquables,
Membre de l'Académie des Sciences.

LEFRANCAIS DE LA LANDE, astronome célèbre,
membre de l'Institut, né à Courcy, près Coutances,
le 21 avril 1766, mort en 1839.

LE BRUN (Le Prince), duc de Plaisance, troisième
Consul de la République, membre de l'Institut,
architrésorier de l'Empire, grand-maître de l'Université ; Pair de France ; né à Saint-Sauveur-Lendelin
en 1739, mort en 1824.

MONTBRAY (GEOFFROY DE), célèbre évêque ; construisit la cathédrale ; développa la ville de Coutances ;
bâtit de nombreux monuments ; prit une part
active à la conquête de l'Angleterre. Était cousin
des Tancrède. Décédé en 1093.

PYRON (Guillaume), poète latin, né à Hambye.

PAISNEL (Les), famille aussi considérable en Normandie
qu'en Angleterre. Un Paisnel fonda le couvent des
Frères Prêcheurs ou Dominicains, appelés encore
Jacobins.

SAINT-ÉVREMOND, seigneur de Saint-Denis-le-Gast,
écrivain célèbre et des plus spirituels du siècle de
Louis XIV ; né en 1613, mort en 1703.

Saint EREPTIOLE, enfant du pays et premier évêque
de la région (ve siècle), a bâti la première basilique.

Saint LO, né à Courcy, fonda de nombreuses abbayes et
évangélisa le Cotentin ; mourut en 566.

# LES FILS DE TANCRÈDE

## par M. Léon Gosset.

Quelle invraisemblable aventure et quelle épopée magnifique que cette histoire vraie : les fils d'un petit chevalier bas-normand, seigneur d'un domaine à demi défriché, parent pauvre du duc Guillaume, partant, comme dit le chroniqueur, « de leur pays stérile, dépourvu des choses nécessaires à la vie », arrivant en Italie avec 200 compagnons plus pauvres qu'eux, brisant tous les obstacles, besognant si difficilement et si heureusement, qu'une principauté, puis un royaume — qui a subsisté jusqu'en 1859 — se fondent sous leur sceptre, qu'ils tiennent tête victorieusement à l'Empereur d'Allemagne, se font les protecteurs des Papes, manquent de devenir empereurs d'Orient et laissent, parmi leur postérité, les Bourbon et les Plantagenest, les Savoie et les Lorraine, c'est-à-dire toutes les dynasties européennes, sauf celle de Serbie !...

Un petit village du canton de Saint-Sauveur-Lendelin, Hauteville-la-Guichard (à 13 kil. de Coutances), fut le nid d'où s'envolèrent ces « aigles » ; Hauteville *(altavilla)*, s'érige sur un contrefort qui domine tout le pays avoisinant. De là, les eaux s'écoulent, d'un côté vers la côte ouest de la presqu'île, de l'autre, vers la baie des Veys. C'est un point topographique tout semblable que choisiront, plus tard, en Sicile, les conquérants, comme base de leurs expéditions. Tancrède y avait bâti, en terre et rondins, un castel qui tenait du campement bien plus que du manoir.

Mais qui était ce Tancrède ? « Au temps de sa jeunesse, dit l'historien Malaterra, Tancrède se trouvait à la chasse, avec le comte Richard dont il était un des familiers. Ce jour-là, le comte fit lever un sanglier d'une grosseur extraordinaire, de l'espèce connue sous le nom de Suiflara. Or, l'étiquette établie à la cour de Normandie, comme chez bien d'autres puissants personnages, défendait à qui que ce fut de tirer tout gibier débusqué par le Prince. Mais il arriva que Richard se trouvant retardé dans sa course par l'épaisseur du fourré, tout rempli de halliers, ne pût joindre ses chiens, tandis que ceux-ci, prêts à atteindre l'animal, le virent tout à coup leur faire tête, en s'embusquant sous une roche d'où il les menaçait de ses terribles mâchoires. Ainsi privés de l'appui du chasseur, les chiens tombaient l'un après l'autre sous les dents du fauve. Tancrède, survenant alors par hasard, et voyant ce carnage, n'hésita pas, malgré la défense qu'il connaissait, à porter secours à la meute. Le sanglier le voyant et dédaignant les chiens pour ce nouvel adversaire, se précipite d'un seul bond sur lui. Tancrède alors, confiant dans la force de son bras et visant l'animal au front, lui enfonce son glaive jusqu'à la garde ; puis, sans même tenter de l'arracher de la blessure, il s'éloigne au plus vite, craignant d'être sévèrement réprimandé par le Prince pour cette infraction à la règle établie. Mais Richard, arrivant bientôt après, et voyant le sanglier mort, demeura saisi d'admiration pour la façon dont il a été frappé. Et lorsqu'il eut appris que Tancrède était celui qui lui avait porté un pareil coup, loin de lui enlever la faveur, il le prit en plus haute estime et lui donna, près de lui, le commandement de dix « hommes d'armes ».

Puis Tancrède se retira sur ses terres, et, de deux femmes, Murielle et Fresende, eut quinze enfants, dont douze fils. On croit que, de ces douze fils, les deux aînés, Seclon et Geoffroy, restèrent dans le pays. Seclon mena, à la cour du duc de Normandie, une existence fort mouvementée. Geoffroy succéda à son père et s'il en faut croire la tradition, le hameau Godefroy, à Hauteville, toujours habité par une famille de ce nom et qui descendait de lui, demeure le témoin de sa lignée.

Vers 1035, des messagers arrivèrent d'Italie, conduits par des pèlerins qui, du Mont Gargan, dans la Pouille, se dirigeaient vers le Mont Saint-Michel. Tout en pèlerinant, ils recrutaient des volontaires pour les princes italiens sans cesse en guerre contre les Sarrazins ou entre eux. Trois fils de Tancrède, Guillaume, Drogon et Hamphroy, s'engagèrent parmi leur troupe. Après de nombreuses étapes où, nous dit-on, ils « cherchaient leur faim à la pointe de l'épée », ils parvinrent en Sicile et incontinents, mirent leur bras au service des Grecs contre les Sarrasins.

Sept ans plus tard (1042), Guillaume, surnommé Bras-de-Fer, s'était taillé un domaine et devenait comte d'Apulie.

Les plus jeunes frères, Robert, Mauger, Guillerme, Roger, Alvarède, Humbert, Tancrède, rejoignirent peu à peu leurs aînés et Fresende, elle-même, devait aller finir ses jours en Italie.

Robert Guiscard ou Guichard (l'Avisé) consolida les possessions normandes, battit le Pape, le fit prisonnier, puis ayant obtenu l'investiture qu'il désirait, le reconduisit à Rome, se fit proclamer « protecteur armé du Saint-Siège », repoussa l'empereur d'Allemagne Henri IV, vainquit à Durazzo l'empereur d'Orient, Alexis Commeire, poussa ses armées jusqu'aux portes de Constantinople.

Roger, dit le Grand-Comte, fut à la fois le pacificateur et le législateur. Il expulsa de la Sicile le dernier Sarrazin en armes, mais se ménagea les Musulmans paisibles et les Grecs assagis, si bien que, sur ses terres, le Coran, le Code de Justinien et la Coutume de Normandie étaient concurremment et libéralement appliqués.

La civilisation ne tarda pas à refleurir dans le pays des Hieron et des Archimède aussi brillante qu'aux plus beaux jours. Le palais de la Zira, celui de la Cuba, la chapelle Palatine, les cathédrales de Palerme et de Céfalu sortirent de terre, attestant la puissance créatrice et la faculté d'assimilation des architectes normands.

Les aventuriers de Hauteville, devenus princes et rois, n'oublièrent pas leur pays normand. Leurs largesses contribuèrent, pour une forte part, à la construction de la cathédrale de Coutances. Autour du portail principal, avant la Révolution, on voyait les statues des *Douze Rois* et la tradition voulait que ce fussent

celles des « Tancrèdes ». Elles furent stupidement détruites par la suite. Vers 1875, Monseigneur l'Evêque Bravard eut l'heureuse initiative de replacer dans les niches
vides, des reproductions des anciennes statues du « Père
des Rois » et de ses « principaux fils ». La rue principale
de Coutances s'appelle rue Tancrède. A la veille de la
guerre, un Comité s'était constitué pour élever, à Hauteville-la-Guichard, un monument au « Père des Rois ».
Mais cette histoire attend encore son historien et cette
épopée son poète.

# TABLE DES MATIÈRES




ABBEVILLE. — IMPRIMERIE F. PAILLART